SOR JUANA

PARA LA VIDA DIARIA

PAIDÓS

© 2024, Estudio PE S.A.C.

Desarrollo editorial: Anónima Content Studio / María Elena Pease Dreibelbis (edición), Thais Luksic (redacción)
Cuidado editorial: Equipo Editorial Anónima Content Studio
Asesoría especializada: María Gracia Ríos Taboada
Diseño de interiores, portada y fotoarte: Lyda Sophia Naussán
Diagramación: Nicolle Cuéllar Betancourt
Foto interior: Peter Horree / Alamy Stock Photo

Derechos reservados

© 2025, Ediciones Culturales Paidós, S.A. de C.V.
Bajo el sello editorial PAIDÓS M.R.
Avenida Presidente Masarik núm. 111,
Piso 2, Polanco V Sección, Miguel Hidalgo
C.P. 11560, Ciudad de México
www.planetadelibros.com.mx
www.paidos.com.mx

Primera edición en formato epub: enero de 2025
ISBN: 978-607-569-900-4

Primera edición impresa en México: enero de 2025
ISBN: 978-607-569-875-5

No se permite la reproducción total o parcial de este libro ni su incorporación a un sistema informático, ni su transmisión en cualquier forma o por cualquier medio, sea este electrónico, mecánico, por fotocopia, por grabación u otros métodos, sin el permiso previo y por escrito de los titulares del *copyright*.

Queda expresamente prohibida la utilización o reproducción de este libro o de cualquiera de sus partes con el propósito de entrenar o alimentar sistemas o tecnologías de Inteligencia Artificial (IA).

La infracción de los derechos mencionados puede ser constitutiva de delito contra la propiedad intelectual (Arts. 229 y siguientes de la Ley Federal del Derecho de Autor y Arts. 424 y siguientes del Código Penal Federal).

Si necesita fotocopiar o escanear algún fragmento de esta obra diríjase al CeMPro (Centro Mexicano de Protección y Fomento de los Derechos de Autor, http://www.cempro.org.mx).

Impreso en los talleres de Impregráfica Digital, S.A. de C.V.
Av. Coyoacán 100-D, Valle Norte, Benito Juárez
Ciudad De Mexico, C.P. 03103
Impreso en México - *Printed in Mexico*

«EL ENIGMA DE SOR JUANA INÉS DE LA CRUZ ES MUCHOS ENIGMAS: LOS DE LA VIDA Y LOS DE LA OBRA. Es claro que hay una relación entre la vida y la obra de un escritor, pero esa relación nunca es simple. La vida no explica enteramente la obra y la obra tampoco explica la vida [...] El poeta, el escritor, es el olmo que sí da peras».

Octavio Paz

CONTENIDO

INTRODUCCIÓN
BIOGRAFÍA
LECCIONES
CRONOLOGÍA
FUENTES

9

14

23

179

190

INTRODUCCIÓN

A menudo los personajes históricos son rescatados en el presente como representantes de una forma de pensar o de un movimiento, sea social o político. Se les toma como figuras ejemplares, cuya vida y legado encarnan importantes valores y virtudes o, a la inversa, como sujetos que simbolizan ciertas taras y vicios. Estas interpretaciones no son únicas ni estáticas: cambian con el lugar y el tiempo, y cada grupo o corriente ideológica proyecta sobre los personajes célebres sus propias maneras de entender la vida, sus aspiraciones y sus miedos. El héroe de unos puede ser el villano de otros, dependiendo de la visión del mundo de quienes lo juzgan.

Si cuando se trata de la historia las interpretaciones múltiples son la norma, el caso de Sor Juana Inés de la Cruz es aún más particular: el hecho de que su historia de vida esté plagada de enigmas y vacíos ha permitido que, especialmente desde el redescubrimiento de su obra en el siglo XX, su figura haya sido tomada como estandarte de creencias políticas y sociales muy distintas, incluso radicalmente opuestas.

Podemos decir que hoy existen muchas Sor Juanas, una para cada gusto. Por ejemplo, quienes tienen una perspectiva feminista suelen representar a la monja jerónima como una pionera de la lucha por los derechos de las mujeres, que se enfrentó a la patriarcal norma social y religiosa de su tiempo. Quienes la miran desde una perspectiva enraizada en la fe católica tienen una idea muy distinta: argumentan que ella no fue una mujer rebelde, sino más bien devota y humilde, que eligió por vocación tomar el velo y nunca se desvió realmente de los preceptos de la Iglesia.

Lo curioso es que estas interpretaciones, en todas sus variantes, tienden a encasillar a Sor Juana en un único molde: o era rebelde o era devota; asimismo, o era humilde o era vanidosa. Al parecer, en más de una ocasión los intérpretes se han dejado llevar por sus posturas y pugnas personales, y eso les ha impedido realizar un análisis matizado de su figura. ¿Por qué resulta tan difícil concebir que la monja pueda haber sido rebelde y también devota? ¿O que a veces se haya comportado con humildad, y otras le haya ganado la soberbia? ¿Que haya atravesado por múltiples versiones de sí misma a lo largo de su vida? ¿Que no haya permanecido uniforme desde que nació hasta que murió? ¿Que no siempre haya actuado de manera consecuente y coherente, que haya albergado en su fuero interno dudas y conflictos, y que estas tensiones se hayan expresado de distintas maneras en su obra?

No hay que olvidar que, después de todo, a pesar de ser hoy reconocida como la escritora más importante de su época, Sor Juana fue tan humana como cualquiera, y detrás de sus motivaciones y decisiones seguramente hubo innumerables complejidades y contradicciones. Si realmente nos interesa conocerla, será mejor evitar etiquetarla.

Siguiendo esa premisa nos acercaremos, en las próximas páginas, a algunas de las muchas Sor Juanas para descubrir las sutilezas detrás de los lugares comunes que a menudo se repiten en torno a una figura tan famosa como ella. Libres de prejuicios, abrimos la posibilidad de llevarnos una grata sorpresa, que es precisamente ese carácter mutable, en apariencia contradictorio, el que hace de la vida de esta autora una historia rica, complicada e interesante. ¿Qué podríamos aprender de un carácter perfectamente coherente y una vida sin conflictos?

SOR JUANA

San Miguel de Nepantla, ca. 1648–Ciudad de México, 1695. Escritora y monja jerónima hoy reconocida como la escritora más importante del Barroco americano, defendió desde el convento su derecho a tener una vida intelectual autónoma.

BIOGRAFÍA

Reconstruir los pormenores de su vida no es una tarea fácil. Quienes se han dedicado a desentrañar los detalles de su biografía se remiten principalmente a dos fuentes de la época: la segunda, sin duda, toma de la primera, y ninguna de las dos es realmente una biografía. Está la *Respuesta de la poetisa a la muy ilustre Sor Filotea de la Cruz* (1691), del puño y letra de ella misma, que es una autodefensa de su labor intelectual ante las acusaciones que le hace el obispo de Puebla, don Manuel Fernández de Santa Cruz, en su carta admonitoria —algo así como lo que hoy sería una carta notarial—, bajo el seudónimo Sor Filotea. Existe también la obra de un contemporáneo suyo, el padre Diego Calleja, publicada en 1700, *Vida de la Madre Juana Inés de la Cruz, Religiosa Profesa en el convento de San Jerónimo de la Ciudad Imperial de México*. Esta obra toma mucho de la *Respuesta* y, en ambas, la narración se ciñe a las convenciones de las historias de vida de santos, cuyo fin es retratarlos como ejemplos de virtud. Aunque Calleja no conoció personalmente a Sor Juana, pues este nunca pisó el Nuevo Continente, su obra tuvo gran influencia en la forma en que se entendió la vida de la poeta.

El problema es que ninguna de las dos fuentes tuvo el objetivo de narrar la vida de Juana Inés de Asuaje detalladamente o con fidelidad. Ambas reúnen solo aquellos episodios que sirven de soporte a la historia que quieren contar y probablemente tergiversan, adornan o inventan otros para reforzar la imagen que pretenden mostrar; por lo tanto, presentan múltiples vacíos. Estos han dado espacio a incontables hipótesis y presunciones, algunas fundamentadas en la investigación y el hallazgo de documentos y evidencias, y otras que son, lo reconozcan o no, pura fantasía y especulación.

En cuanto uno empieza a recorrer el camino de la vida de Sor Juana, se encuentra con que el primer paso ya es en falso: existe una polémica sobre su apellido. En la literatura aparece como *Asbaje* y también como *Asuaje*. Durante mucho tiempo se prefirió la primera versión, que se popularizó con la obra de Octavio Paz, hasta ahora quizás el libro más famoso sobre la monja y su obra. Sin embargo, autores como Alatorre, Schmidhuber y Soriano afirman que la forma correcta es *Asuaje*, tal como figura en el libro de profesiones y en su testamento, y que su confusión tiene origen en un reemplazo erróneo de la *u* por una *v*, que eventualmente se reemplazó por una *b*.

Aunque sabemos que Juana Inés de Asuaje llegó al mundo en San Miguel de Nepantla, en el virreinato de la Nueva España, no hay certeza absoluta sobre la fecha ni circunstancias de su nacimiento. Durante mucho tiempo se consideró la información que consigna Calleja: nació en 1651, hija legítima de Isabel Ramírez de Santillana, criolla, y el capitán español Pedro Manuel de Asuaje. Sin embargo, hasta hoy no se ha encontrado registro alguno que soporte esa afirmación. Es más, su madre señala abiertamente en su testamento que todos sus hijos fueron «naturales», es decir, ilegítimos. Existe, en cambio, un acta de bautismo que registra el nacimiento —tres años antes—, en una parroquia de la jurisdicción de Nepantla, de una niña llamada Inés, cuyos padrinos fueron Miguel y Beatriz Ramírez, hermanos de Isabel. Es posible que esa pequeña sea nuestra protagonista, pues figura en el documento como «hija de la Iglesia», es decir, hija ilegítima. Es sobre la base de esa información que, para muchos, la fecha más plausible de su nacimiento es 1648.

Fue en el campo, 77 kilómetros al sur de la actual Ciudad de México, donde Sor Juana vivió su primera infancia. Allí, desde muy pequeña, mostró una curiosidad, una aptitud y dedicación al estudio inusuales para su edad: a espaldas de su madre aprendió a leer y escribir, según ella antes de cumplir los 3 años, colándose a las clases de una de sus hermanas. En adelante, devoraría todo libro que estuviera a su alcance: cuenta que así lo hizo con la biblioteca de su abuelo, Pedro Ramírez, mientras este aún vivía. Aunque Sor Juana apenas se refiere a su familia, sabemos hoy que su abuelo materno, español, no era un hombre rico pero sí acomodado, que arrendaba dos haciendas propiedad de la Iglesia. Una en San Miguel de Nepantla, donde nació Juana Inés, y otra en Panoayán, donde vivió junto con su madre y sus dos hermanas mayores, María y Josefa.

Sin embargo, en 1656 el panorama cambió radicalmente: el abuelo murió y su madre tuvo un primer hijo con una nueva pareja, Diego Ruiz Lozano. Fue entonces cuando, según algunos de sus biógrafos, Sor Juana fue separada de su familia y enviada a México a vivir con sus tíos, doña María Ramírez y Juan de Mata. No se sabe a ciencia cierta qué pasó en ese momento con sus hermanas, y, aunque existen quienes creen que la causa de su alejamiento fue la presencia del padrastro y la llegada del nuevo hijo, nada indica que entre estos haya habido malas relaciones. Todo lo contrario: pues años más tarde, Diego Ruiz enviaría a sus dos hijas adolescentes al convento, a residir temporalmente con su «tía» Sor Juana Inés. Así, tal vez su madre la envió a la capital para que allí pudiera realizar mejor su potencial; en esa época, la corte era, junto con la universidad —donde no estaban admitidas las mujeres—, el centro más importante de actividad intelectual y cultural del virreinato.

Muy poco se sabe sobre los años que le siguieron a la salida de la casa familiar en Panoayán, excepto por la anécdota de que aprendió latín a una velocidad récord. El latín era un idioma reservado a la élite intelectual, y su dominio por parte de Juana Inés era un acto de transgresión y autodeterminación. El siguiente hito en su biografía, ya en 1664, fue su ingreso como dama de compañía a la corte virreinal de la Nueva España. Eran entonces virreyes Antonio Sebastián de Toledo y doña Leonor de Carreto, marqueses de Mancera: ante ellos una todavía joven Juana Inés, probablemente de forma muy calculada, hizo gala de todo lo que había aprendido, gracias a sus pocos maestros y por su propia cuenta. Allí, debido a su carisma y habilidad intelectual, aplicadas a las adulaciones y zalamerías en verso, ganó rápidamente el favor de la pareja virreinal.

Pero Juana Inés Ramírez no podía permanecer para siempre en la corte: la esperaban, como a toda doncella católica respetable, dos caminos: el matrimonio o la vida conventual. Aunque es evidente que era católica creyente, nada indica que Sor Juana haya tenido una especial inclinación por la vocación religiosa. Aunque algunos de sus biógrafos toman como prueba de ello su testamento de ingreso al convento, en el que afirma haber sentido siempre una inclinación por ser monja, este se trata de un documento convencional y formulaico, y esa supuesta vocación brilla por su ausencia en otros de sus textos. Sabemos que, como religiosa, cumplió cabalmente con sus deberes. Sin embargo, como afirma el mismo Calleja, no resaltó particularmente por su devoción. Es importante recordar que la vida conventual en el siglo ofrecía a las mujeres ciertas libertades y privilegios que no podían encontrar en el matrimonio. Su elección respondía muchas veces a cuestiones mundanas. Al igual que el matrimonio, era una posible fuente tanto de sustento económico como de respetabilidad social. En el caso de Sor Juana era, sin duda, la opción más adecuada, ya que le permitió dedicarse a su verdadera vocación: la investigación y la vida intelectual.

Sin embargo, tras tomar esa decisión vendría primero un tropiezo. Ingresó como novicia al convento de San José de las Carmelitas Descalzas en 1667, pero después de solo tres meses de internamiento volvió a la corte. Aunque algunos de sus biógrafos argumentan que desistió por un problema de salud, no existen pruebas de ello. Es posible, como plantea Octavio Paz —quien popularizó su obra—, que la joven Juana Inés no haya resistido la severidad de la disciplina entre las carmelitas, razón suficiente para que tanto ella misma como Calleja no mencionen ese episodio. Dos años más tarde, tomaría el velo definitivamente, esta vez en el convento de Santa Paula de la orden de San Jerónimo, un convento exclusivamente para criollas, donde los cuatro votos —pobreza, castidad, obediencia y perpetua clausura— no se observaban con mucho rigor. Allí pasaría el resto de su vida.

El convento de San Jerónimo fue para Sor Juana un espacio de creación y resistencia. Aunque al entrar al convento dejó el espacio físico del palacio virreinal, jamás se alejó realmente de la corte. Las relaciones con sus miembros, principal lugar de la política, pero también de la vida social y cultural de la Nueva España, continuaron siendo un elemento central en su vida. La naturaleza de sus relaciones con los poderosos se manifiesta en la enorme cantidad de poemas de circunstancias que escribió: más de la mitad de su producción literaria está compuesta por todo tipo de homenajes, parabienes y conmemoraciones de figuras importantes de la corte y la Iglesia. Del favor de los sucesivos virreyes, con quienes conectó a través de sus aficiones literarias y artísticas, así como arzobispos y obispos, dependió en gran medida no solo su prosperidad material, sino esa posición privilegiada que determinó el alcance y la impunidad de sus transgresiones al rol tradicional de una religiosa de claustro.

Fue con la llegada de los virreyes Tomás Antonio de la Cerda, marqués de la Laguna, y su esposa, doña Luisa Manrique, condesa de Paredes, a quienes recibió el arco triunfal del *Neptuno Alegórico* (1680), un texto en prosa con el que suele identificarse el inicio del periodo más prolífico de su vida. Aunque no quedan registros ni manuscritos, se atribuyen a esos años dos de sus obras poéticas centrales: el *Divino Narciso* y *Primero Sueño*. Hasta el retorno de la virreina a España, en 1686, Sor Juana fue su amiga íntima y protegida; tenían la misma edad, 31 años, y un intelecto y sensibilidad afines. Fue precisamente la condesa de Paredes quien nos legó el primer tomo de las obras de esta autora: ella llevó sus poemas a Madrid, donde se publicaron en 1689, bajo el pomposo título *Inundación Castálida de la única poetisa, musa décima, Sor Juana Inés de la Cruz*; este hacía referencia a la mítica fuente Castalia, a los pies del monte Parnaso, de donde supuestamente brotaban aguas que proveían de inspiración a los poetas.

Sor Juana no solo escribió poesía, obras de teatro y villancicos, sino que se atrevió a mucho más: la *Carta Atenagórica* (1690), que se publicó precedida de la *Carta de sor Filotea de la Cruz*, era una pieza de crítica filosófica. Si hoy los debates intelectuales encuentran lugar en ensayos y monografías, en esa época el formato preferido era el sermón, donde se vertían las preocupaciones teológicas. Como todas las monjas, Juana Inés tenía prohibido elaborar sermones, pero sí podía criticarlos. Sin embargo, ausentes sus virreyes protectores, este atrevimiento fue al parecer la gota que derramó el vaso, y le valió la reprimenda pública de Manuel Fernández de Santa Cruz, obispo de Puebla. Ante esta advertencia, Sor Juana no se quedó callada: en 1691 apareció la *Respuesta de sor Juana Inés de la Cruz a sor Filotea de la Cruz*, donde defendió con valentía, utilizando las estrategias y convenciones propias de la época, su derecho a una plena vida intelectual.

En los años siguientes a esta vehemente defensa algo debió suceder que la hizo cambiar de opinión: en 1693 Sor Juana abandonó el ejercicio de las letras, se deshizo de su biblioteca y de sus instrumentos científicos, y en 1694 renovó sus votos, firmando con su propia sangre la famosa frase: «Yo, la peor del mundo». ¿Fue esta decisión consecuencia de la reprimenda y el acoso de algunos poderosos miembros de la Iglesia lo que la empujó a abandonar su vocación? ¿Fue una decisión permanente o simplemente estaba esperando un ambiente más favorable para retomar sus actividades? ¿O acaso ella misma reflexionó y renunció a la vida mundana para buscar, por medio de la entrega religiosa, la perfección? ¿Fue, tal vez, un sacrificio que hizo en tiempos de crisis social, en favor de los más desvalidos? ¿Realmente se sentía la peor de todas o fue una última ironía que se permitió antes de callar? A menos que se encuentren nuevas evidencias, nunca lo sabremos. Un año después de su abdicación, antes de cumplir los 50, la Décima Musa, la Fénix de América, enfermó gravemente y murió. Fue enterrada, sin mayores solemnidades, como el resto de sus hermanas: en el mismo convento en el que vivió.

Tras su muerte, la figura de Sor Juana fue objeto de múltipes interpetaciones y mitificaciones. A lo largo del siglo xix su figura cayó en el olvido, siendo rescatada más tarde como ícono feminista y como precursora de la autonomía intelectual de las mujeres.

01

LECCIONES

1. Genio *versus* esfuerzo - *p. 26* / **2.** La curiosidad educó al gato - *p. 38* / **3.** Monólogo y diálogo - *p. 50* / **4.** El burro hablando de orejas - *p. 62* / **5.** La fama fuera del claustro - *p. 74* / **6.** Autoconocimiento o narcisismo - *p. 86* / **7.** Arte de ocasión - *p. 98* / **8.** Sobre el amor - *p. 110* / **9.** Las tretas del débil - *p. 120* / **10.** Bajo el feministómetro - *p. 134* / **11.** Escalera al cielo - *p. 148* / **12.** Libertad sin permiso - *p. 158* / **13.** Volar alto - *p. 170*

«VOLVÍ (MAL DIJE, PUES NUNCA CESÉ); PROSEGUÍ, DIGO, A LA ESTUDIOSA TAREA (QUE PARA MÍ ERA DESCANSO EN TODOS LOS RATOS QUE SOBRABAN A MI OBLIGACIÓN) DE LEER Y MÁS LEER, DE ESTUDIAR Y MÁS ESTUDIAR, SIN MÁS MAESTRO QUE LOS MISMOS LIBROS».

GENIO *VERSUS* ESFUERZO

LECCIÓN 1

Así como en las películas de ciencia ficción las personas con habilidades sobrehumanas son sometidas a análisis científicos para entender la naturaleza y el alcance de sus poderes, Sor Juana también fue, en su momento, objeto de examinación y escrutinio. Cuando en 1664 se unió a la corte de la Nueva España como dama de compañía, sorprendió al virrey y a la virreina con sus extraordinarias habilidades intelectuales y su erudición. El padre Calleja relata que los virreyes reunieron a más de cuarenta teólogos, filósofos, matemáticos, historiadores, poetas y humanistas para ponerla a prueba.

Quizá más que sorprendidos, los virreyes quisieron presumir a su prodigiosa protegida frente a estos intelectuales, pero el asunto es que la joven Juana Ramírez de Asuaje, quien a sus 17 años aún no era sor, respondió impecablemente a todas las preguntas, argumentos y réplicas que le hicieron «cuantos hombres profesaban letras en la Universidad y Ciudad de México». ¿Qué mejor historia para confirmar en ella la presencia de un carácter y una habilidad excepcionales, que la de una adolescente que apenas había recibido educación formal saliendo victoriosa de semejante reto?

Como ella misma cuenta en la *Respuesta a Sor Filotea*, su aptitud para las letras fue evidente desde muy pequeña. A los 5 años aprendió a leer y escribir. Antes de cumplir 8, ya había compuesto su primera pieza de literatura seria, descrita por Calleja como «una Loa con las calidades que requiere un cabal poema». Luego, aprendió nada menos que latín, en tan solo veinte lecciones. Aunque pueda haber algo de exageración en esas historias, es difícil no vincular la precocidad —¡y la velocidad!— del aprendizaje de la pequeña Juana Inés a la figura del genio, una persona dotada, desde el nacimiento, con cualidades y habilidades muy por encima de lo usual, capaz de enfrentar las tareas y los retos más difíciles sin o con poco esfuerzo. Parece que así la vieron también quienes la conocieron en vida. Según Calleja: «La primera luz que rayó de su ingenio fue hacia los versos españoles, y era muy racional admiración de cuantos la trataron en aquella edad tierna, ver la facilidad con que salían a su boca o su pluma los consonantes y los números. Así los producía, como si no los buscara en su cuidado, sino es que se los hallase de balde en su memoria». La aparente falta de «cuidado» de Sor Juana —que en el texto se lee como ausencia de «esfuerzo»—, siendo ella tan joven, sugiere que parecía haber nacido ya con las ideas en la cabeza.

Pero ¿qué es un genio? En la antigua Roma, la palabra *genius* se refería a la deidad tutelar o el espíritu guía de una persona, una especie de ángel guardián. Entonces se creía que cuando alguien lograba un desempeño extraordinario, se debía a que tenía un *genius* especialmente fuerte o poderoso, una fuerza externa que estaba más allá del control humano. De forma similar, en la Nueva España de su época se consideraba que las aptitudes personales eran dones que solo podían ser otorgados directamente por Dios. El obispo

«YO NO ESTUDIO PARA ESCRIBIR, NI MENOS PARA ENSEÑAR (QUE FUERA EN MÍ DESMEDIDA SOBERBIA), SINO SÓLO POR VER SI CON ESTUDIAR IGNORO MENOS».

Manuel Fernández de Santa Cruz (alias Sor Filotea), al comienzo de su carta admonitoria, la elogia refiriéndose a sus talentos como «tesoros que Dios depositó en su alma» y «uno de los muchos beneficios que debe vuestra merced a Dios». Hoy, la creencia en ese carácter divino de las disposiciones y los talentos con los que uno nace se ha debilitado, y más bien ha dado paso, sin desaparecer del todo, a explicaciones biológicas que atribuyen estos dones a las leyes de la naturaleza o los azares de la herencia genética.

A lo largo de la historia, y en diferentes culturas, se han planteado múltiples teorías para explicar el origen de la genialidad, pero la idea de que es una cualidad con la que uno nace sigue siendo bastante popular. Sin embargo, surge la pregunta: ¿los genios realmente nacen o se hacen? ¿Son producto de la naturaleza o de su crianza? Ese debate es mucho más antiguo que la misma Sor Juana, y continúa vigente hasta hoy.

Contra la idea de que las aptitudes innatas —sean designio divino o determinación biológica— son el factor más importante para lograr un desempeño digno de un genio, se mantiene el argumento de que el contexto en el que las personas se desarrollan es aún más importante. Es decir, que lo que Natura no da, Salamanca sí puede prestar. Así, para tener un *performance* muy por encima de lo común puede ser más importante desarrollar algunas características psicológicas, como la perseverancia, la paciencia y la atención al detalle, pero, sobre todo, la práctica de aquello en lo que se quiere la excelencia.

> **Ella afirma la importancia de la disciplina que, contra las limitaciones sociales que se le impusieron por ser mujer, la convirtió en una excepcional figura intelectual de su tiempo.**

De hecho, si bien la misma Sor Juana menciona como voluntad divina la causa de su deseo de conocimiento, al que llama «este natural impulso que Dios puso en mí», discrepa con Fernández de Santa Cruz, que le dice que «la claridad no se adquiere con el trabajo e industria: es don que se infunde con el alma». Ella afirma más bien, en la *Respuesta a Sor Filotea*, la importancia de la disciplina que, contra las limitaciones sociales que se le impusieron por ser mujer, la convirtió en una excepcional figura intelectual de su tiempo.

A lo largo de su vida, la religiosa mostró una terca dedicación y un esfuerzo constantes. Si aprendió a leer a tan temprana edad fue porque se coló, sin que lo supiera su madre, en las clases de su hermana mayor. Una vez adquirida esa habilidad, devoró por su propia iniciativa, «sin que bastasen castigos ni represiones a estorbarlo», todos los libros de la biblioteca de su abuelo.

Desde entonces, Sor Juana, a contracorriente, no dejó de aprovechar cada oportunidad que se le presentaba para seguir ampliando sus conocimientos, y dedicó todo su tiempo libre al estudio, la mayor parte de las veces como autodidacta. Ella misma relata cómo, desde pequeña, se autoimpuso formas de disciplina inusuales para una niña: «… en estos tiempos, siendo mi golosina la que es ordinaria en aquella edad, me abstenía de comer queso, porque oí decir que hacía rudos, y podía conmigo más el deseo de saber que el de comer, siendo este tan poderoso en los niños». *Rudeza*, en español antiguo, significaba falta de inteligencia o, en términos menos amables, estupidez.

Así como se resistió al placer de comer queso porque oyó que afectaba negativamente al intelecto, la joven Juana Inés también puso su empeño en saber, por encima de su vanidad, un defecto que en su época se atribuía principalmente a las mujeres. Aunque una larga cabellera era el símbolo de la belleza femenina, ella se castigaba a sí misma cortándose el pelo si no aprendía bien sus lecciones de latín: «Empecé a deprender gramática, en que creo no llegaron a veinte las lecciones que tomé; y era tan intenso mi cuidado, que siendo así que en las mujeres —y más en tan florida juventud— es tan apreciable el adorno natural del cabello, yo me cortaba de él cuatro o seis dedos, midiendo hasta dónde llegaba antes, e imponiéndome ley de que si cuando volviese a crecer hasta allí no sabía tal o tal cosa que me había propuesto deprender en tanto que crecía, me lo había de volver a cortar en pena de la rudeza».

Su obra es consecuencia de una vida de disciplina y sacrificio, de una práctica consciente guiada por su inquebrantable deseo de aprender.

No parece, a la luz de estas anécdotas, que Sor Juana haya llegado a este mundo con sus muchos escritos bajo el brazo. Más bien, su obra es consecuencia de una vida de disciplina y sacrificio, de una práctica consciente guiada por su inquebrantable deseo de aprender.

Con esta autora en mente, cabe considerar un argumento que ha sido importante en el debate naturaleza *versus* crianza: muchas veces las niñas o los niños prodigio no mantienen su genial desempeño hasta la adultez. De hecho, varios investigadores han concluido que como en sus primeros años se acostumbran a obtener resultados fácilmente, mientras crecen no asocian sus éxitos con su esfuerzo. Eso, a menudo, deriva en una falta de dedicación que los hace perder esa extraordinaria ventaja inicial: más adelante en la vida, la cantidad de horas entregadas a una actividad es un factor mucho más determinante para la excelencia. Calleja es muy claro sobre la constancia de Sor Juana: «Sólo para responder a las cartas, que en versos y en prosa de las dos Españas recibía, aun dictados al oído los pensamientos, tuviera el amanuense más despejado bien en qué trabajar. No se rendían a tanto peso los hombros de esta robustísima alma. Siempre estudiaba y siempre componía, uno y otro tan bien como si fuera poco y de espacio».

Hoy, en el siglo XXI, la mayoría de estudiosos del desarrollo humano ha abandonado la posibilidad de resolver definitivamente si es más importante la naturaleza o la crianza, ya que, en realidad, ambas contribuyen al desarrollo del potencial y el desempeño de cada ser humano de forma muy difícil de distinguir. No es sencillo clasificar los cientos de factores que intervienen en solo dos categorías. En el caso de Sor Juana, por ejemplo, podríamos aceptar que esta haya nacido con alguna aptitud especial para el estudio de las letras, sin que eso signifique desmerecer la importancia de su vehemencia y su dedicación al aprendizaje.

Además, no debemos dejar de considerar el contexto histórico en el que vivió y su posición particular en la sociedad de la Nueva España del siglo XVII. Era una mujer, sí, y por eso enfrentó una serie de restricciones, pero también era criolla, parte de la élite local: sin este estatus, le habría sido imposible acceder a la corte virreinal y al convento de San Jerónimo, y alcanzar la posición que logró. Si hubiese nacido en una familia pobre, es probable que la pequeña Juana Inés jamás hubiera aprendido a leer y escribir, y no habría tenido la oportunidad de desarrollar sus talentos.

Aunque podamos imaginar muchos escenarios alternativos, de lo que podemos estar seguros es de que, con esfuerzo y agudeza, Sor Juana navegó tanto sus limitaciones como sus privilegios para defender sus ideas y dedicar el mayor tiempo posible a lo que amaba: aprender. Hoy, varios siglos después, todavía podemos aprender de esa actitud. Al margen de nuestras aptitudes innatas fuera de nuestro control, lo mejor que podemos hacer es aprovechar nuestras ventajas y tratar de sortear las dificultades de nuestro contexto para dedicarnos con disciplina y pasión a trabajar hacia nuestros objetivos. Puede que no alcancemos el nivel de un genio, pero sin duda con la práctica seremos cada día un poco mejores, y eso es ya una fuente de satisfacción.

«NO PUEDO DECIR LO QUE CON ENVIDIA OIGO A OTROS: QUE NO LES HA COSTADO AFÁN EL SABER. ¡DICHOSOS ELLOS!».

«BIEN DIJO LUPERCIO LEONARDO, QUE BIEN SE PUEDE FILOSOFAR Y ADEREZAR LA CENA. Y YO SUELO DECIR VIENDO ESTAS COSILLAS: SI ARISTÓTELES HUBIERA GUISADO, MUCHO MÁS HUBIERA ESCRITO».

LA CURIOSIDAD EDUCÓ AL GATO

LECCIÓN 2

De la apariencia de Sor Juana han llegado a nosotros como registro varios retratos pintados a mano. Aunque existen algunas diferencias entre estos, la mayoría se parece mucho, y tienen en común dos elementos: la monja vestida con el hábito típico de las jerónimas, con el escudo sobre el pecho, y, abiertos o cerrados, sobre la mesa y en las paredes, libros. Muchos libros. Juana Inés amaba tanto los libros, que ganarse uno fue la motivación de su primera composición poética, esa famosa loa que escribió cuando todavía no había cumplido los 8 años. Tanto era su amor por la lectura que, ya adulta, cuando una de las autoridades del convento se la prohibió, pues «creyó que el estudio era cosa de Inquisición», Sor Juana cayó gravemente enferma, y solo volviendo a las letras consiguió sanar.

Esta historia puede interpretarse como una exageración propia del discurso de la época, útil para su autodefensa, pero es innegable que por ese amor por la lectura consiguió montar, durante el tiempo que vivió en su celda de dos pisos en el claustro de San Jerónimo, una enorme biblioteca. Hay desacuerdo entre sus biógrafos sobre cuántos libros realmente tuvo: unos dicen que eran cientos, otros que eran miles, pero basta con saber que para los estándares de la época fue una cantidad bastante mayor a la usual. De lo que no cabe duda es de que la lectura era su forma predilecta de aprendizaje. Se sumergió en los libros, aprendió muchísimo leyéndolos y no fue una decisión fácil desprenderse de ellos. Sin embargo, su curiosidad y deseo de aprender encontró, a lo largo de su vida, otros caminos.

En su *Respuesta a Sor Filotea*, Sor Juana confiesa que, si bien cumplió durante tres meses el mandato que una vez le impusieron en el convento de no tocar libro alguno, eso no pudo contra su sed de entendimiento. Como un río caudaloso que de pronto ve su flujo detenido, esta se desbordó y abrió otros cauces. Apartada de la palabra escrita, empezó a prestar más atención al mundo que la rodeaba, incluso a esos hechos tan triviales y cotidianos que uno usualmente ignora. Con una mirada siempre curiosa y atenta, convirtió esas pequeñeces en objetos de reflexión intelectual y aprendizaje sobre los principios —en su caso, de origen divino— que rigen el orden de las cosas: «Nada veía sin refleja; nada oía sin consideración, aun en las cosas más menudas y materiales; porque como no hay criatura, por baja que sea, en que no se conozca el *me fecit Deus* [el designio de Dios], no hay alguna que no pasme el entendimiento, si se considera como se debe». Todo puede ser interesante: solo las personas aburridas se aburren, podríamos decir hoy.

> **A través de su experiencia ella reconoce que las impresiones de los sentidos pueden ser un punto de partida válido para la reflexión y el conocimiento. El saber no solo está en los libros, sino allá afuera, en el mundo.**

«PASEÁBAME ALGUNAS VECES EN EL TESTERO DE UN DORMITORIO NUESTRO (QUE ES UNA PIEZA MUY CAPAZ) Y ESTABA OBSERVANDO QUE SIENDO LAS LÍNEAS DE SUS DOS LADOS PARALELAS Y SU TECHO A NIVEL, LA VISTA FINGÍA QUE SUS LÍNEAS SE INCLINABAN UNA A OTRA Y QUE SU TECHO ESTABA MÁS BAJO EN LO DISTANTE QUE EN LO PRÓXIMO: DE DONDE INFERÍA QUE LAS LÍNEAS VISUALES CORREN RECTAS, PERO NO PARALELAS, SINO QUE VAN A FORMAR UNA FIGURA PIRAMIDAL. Y DISCURRÍA SI SERÍA ESTA LA RAZÓN QUE OBLIGÓ A LOS ANTIGUOS A DUDAR SI EL MUNDO ERA ESFÉRICO O NO. PORQUE, AUNQUE LO PARECE, PODÍA SER ENGAÑO DE LA VISTA, DEMOSTRANDO CONCAVIDADES DONDE PUDIERA NO HABERLAS».

Así, no solo fue de la universidad que fue vetada por ser mujer, sino también al margen de la cultura letrada y la escritura, pero Sor Juana supo encontrar otras fuentes valiosas de conocimiento. Ella misma cuenta cómo, durante ese terrible periodo de prohibición de la lectura, su siempre hambriento intelecto se enfocó en la observación de lo cotidiano.

A través de su experiencia ella reconoce que las impresiones de los sentidos pueden ser un punto de partida válido para la reflexión y el conocimiento. El saber no solo está en los libros, sino allá afuera, en el mundo. Esta apreciación la acerca a la revolución científica que tuvo lugar en buena parte de Europa durante los siglos XVI y XVII, que debilitó la autoridad incuestionable de los antiguos filósofos, y tuvo como resultado la instauración del método experimental como forma privilegiada de conocer el mundo natural. Mientras que en España y sus colonias la educación, que permanecía en manos de la Iglesia, seguía siendo muy cerrada y dogmática, orientada más bien a la réplica y defensa del dogma, Sor Juana se inclinó por la indagación, por el deseo de saber más, una actitud propia del despertar de la Modernidad.

Paseando por uno de los patios del claustro, Sor Juana vio a dos niñas jugando con un trompo: «... y apenas yo vi el movimiento y la figura, cuando empecé, con esta mi locura, a considerar el fácil *motu* de la forma esférica [...] no contenta con esto, hice traer harina y cernerla para que, en bailando el trompo encima, se conociese si eran círculos perfectos o no los que describía con su movimiento; y hallé que no eran sino unas líneas espirales que iban perdiendo lo circular cuanto se iba remitiendo el impulso». ¿No recuerda este experimento a algunas famosas anécdotas históricas sobre el primer paso hacia im-

«... DE LAS MISMAS PERSONAS CON QUIENES HABLABA, Y DE LO QUE ME DECÍAN, ME ESTABAN RESALTANDO MIL CONSIDERACIONES: ¿DE DÓNDE EMANARÍA AQUELLA VARIEDAD DE GENIOS E INGENIOS, SIENDO TODOS DE UNA ESPECIE? ¿CUÁLES SERÍAN LOS TEMPERAMENTOS Y OCULTAS CUALIDADES QUE LO OCASIONABAN?».

portantes descubrimientos científicos? Fue tomando un baño en la tina que Arquímedes halló la inspiración que lo llevó a su método para medir la densidad de un objeto de forma irregular. Fue la caída de una manzana sobre su cabeza, cuando se había quedado dormido bajo un árbol, la que inspiró a Newton para plantear las leyes de la gravedad. Así como en la contemplación del juego infantil del trompo halló una comprensión de la mecánica del movimiento en espiral, dedujo también, de la quieta apreciación de la fachada de un edificio del convento, un posible origen para la noción de que el mundo es esférico y no plano, que seguramente ya había encontrado en alguno de sus libros.

Darle un espacio a la observación es una invitación a renovar nuestra capacidad de asombro y cuestionar nuestros sentidos comunes.

Entre sus agudas observaciones de esos acontecimientos cotidianos, sobre los que no nos detenemos a pensar, Sor Juana dio un lugar especial al asombro por lo que sucedía en las amplias cocinas de su claustro. ¿Qué tarea puede ser más común y banal que cocinar? Pues, para una mente tan curiosa y atenta al detalle como la suya, lo que allí sucedía era también motivo de maravilla, hasta el mero cocer un huevo. Cuenta: «Veo que un huevo se une y fríe en la manteca o aceite y, por contrario, se despedaza en el almíbar; ver que para que el azúcar se conserve fluida basta echarle una muy mínima parte de agua en que haya estado membrillo u otra fruta agria; ver que la yema y clara de un mismo huevo son tan contrarias, que en los unos, que sirven para el azúcar, sirve cada una de por sí y juntos no». Desde su mirada, los procesos de la repostería también parecen una serie de experimentos científicos, del tipo de pruebas que se hacen en un laboratorio.

De hecho, no era para menos. Como explican Mónica Lavín y Ana Benítez, que han estudiado la relación de Sor Juana con la cocina de su época, en los conventos de la Nueva España trabajaban juntas monjas, sirvientas y esclavas para elaborar sofisticadísimos platillos y, sobre todo, dulces. En la búsqueda de novedosos sabores, texturas y olores, las mujeres combinaban con creatividad y maestría ingredientes locales con otros traídos desde lejos, como verdaderas alquimistas. Sor Juana reconoce así la cocina, un quehacer entonces relacionado con lo femenino, como una actividad que invitaba a la reflexión intelectual y era una posible fuente de conocimiento: «Pues ¿qué os pudiera contar, Señora, de los secretos naturales que he descubierto estando guisando?». Esas «filosofías de cocina», como las llama burlonamente la religiosa, solo pueden sumar a la comprensión del funcionamiento del mundo y, por lo tanto, al desarrollo del intelecto.

Si una de las poetas más importantes del Barroco español supo incorporar a su conocimiento académico y teórico los saberes de la vida cotidiana y la experiencia propia para ampliar su entendimiento del mundo, seguramente nosotros también podremos, al observar el mundo a nuestro alrededor con atención y genuina curiosidad, encontrar puntos de partida para una profunda reflexión. Hoy, levantar durante un momento nuestra mirada, a menudo anclada a una pantalla que nos introduce a un universo construido a nuestra medida, puede servirnos para ver con nuevos ojos aquellos que creemos que ya conocemos, y por eso normalmente ignoramos. Es cuando parece que nada está sucediendo que lo inesperado nos puede sorprender.

Darle un espacio a la observación es una invitación a renovar nuestra capacidad de asombro y cuestionar nuestros sentidos comunes, a darle una nueva mirada a todo lo que siempre vemos, pero nunca notamos: como decía el sociólogo Max Weber, «interrogar la realidad para convertir en problema lo que es evidente por convención». Nada es obvio ni aburrido: la posibilidad de hacer que algo sea interesante está, siempre, en la mirada del espectador.

«... AUNQUE NO ESTUDIABA EN LOS LIBROS, ESTUDIABA EN TODAS LAS COSAS QUE DIOS CRIÓ, SIRVIÉNDOME ELLAS DE LETRAS Y DE LIBRO TODA ESTA MÁQUINA UNIVERSAL».

«... COMO LOS RATOS QUE DESTINO A MI ESTUDIO SON LOS QUE SOBRAN DE LO REGULAR DE LA COMUNIDAD, ESOS MISMOS LES SOBRAN A LAS OTRAS PARA VENIRME A ESTORBAR...».

MONÓLOGO Y DIÁLOGO

LECCIÓN 3

¿Qué temas o actividades te apasionan? ¿En qué actividades te involucras y no percibes el paso del tiempo? ¿Qué te ves haciendo en diez años? Estas son algunas de las clásicas preguntas orientadas a identificar nuestras motivaciones y definir nuestra vocación. Dar espacio al autoconocimiento, identificar nuestros gustos y modelos a seguir nos ayuda a establecer conexiones entre quiénes somos y a qué deseamos dedicarnos en la vida. Mucho se ha debatido sobre cuáles fueron las razones por las que Juana Ramírez de Asuaje decidió volverse monja. Ya que no hay muchas evidencias, tal vez lo mejor que podemos hacer es tomarle la palabra. Ella explica que, ante su «total negación» respecto al matrimonio —sobre cuyas causas también se ha especulado, pues ella no las revela explícitamente—, consideró que tomar el velo era «lo menos desproporcionado y lo más decente que podía elegir en materia de la seguridad que deseaba de mi salvación». Sin duda, Sor Juana habría preferido dedicarse enteramente al estudio, y no tener ninguna otra obligación, pero era una mujer católica y, aunque haya tenido pugnas con algunas autoridades eclesiásticas, no se ha encontrado hasta hoy razón alguna para dudar de su fe. Así, tenía ante sí dos opciones para llevar una vida aceptable en el marco de su religión en la que las mujeres que vivían solas eran objeto de sospecha: casarse con un hombre o casarse con Dios. Entre ambas, prefirió convertirse en monja y dedicarse a la religión.

Aunque en algunos conventos de la Nueva España del siglo XVII la vida era muy austera y estricta, no fue en uno de esos en el que terminó Sor Juana. Estar en el convento de Santa Paula de las Jerónimas no significaba para las religiosas una vida de privaciones: no solo vestían y se alimentaban muy bien, sino que allí había sirvientas que se encargaban de las labores domésticas. Ella misma tenía incluso una esclava que le había regalado su madre. Sin embargo, a pesar de esas comodidades, las monjas sí debían dedicar su tiempo a ciertas tareas impuestas y cumplir con algunos deberes. Pasaban buena parte del día rezando en conjunto, y otra porción se destinaba a las labores comunales que sostenían económicamente la vida en el convento, como la repostería, la costura o el bordado.

Pero Sor Juana no parece haber participado significativamente de tales trabajos, pues nunca los menciona. Lo cierto es que, haya tomado parte o no, la disciplina entre las monjas jerónimas era bastante relajada. Así, aunque en teoría esas tareas debían realizarse en una sala común, la mayoría las trasladaban a las habitaciones privadas. Esta posibilidad de aislarse, sin duda, fue favorable para que la Fénix de América pudiera dedicar más tiempo a sus actividades favoritas: escribir y leer.

> **Lo que más le disgustaba a Sor Juana de la vida en el claustro era, por encima de todo, la falta de tranquilidad y silencio.**

«MIS ESTUDIOS NO HAN SIDO EN DAÑO NI PERJUICIO DE NADIE, MAYORMENTE HABIENDO SIDO TAN SUMAMENTE PRIVADOS QUE NO ME HE VALIDO NI AUN DE LA DIRECCIÓN DE UN MAESTRO, SINO QUE A SECAS ME LO HE HABIDO CONMIGO Y MI TRABAJO...».

Libre de la autoridad de un marido, y de las responsabilidades de la vida doméstica y la maternidad, Sor Juana tuvo en la Nueva España del siglo XVII lo que en pleno siglo XX todavía reclamaba la escritora inglesa Virginia Woolf como indispensable para la producción literaria e intelectual de las mujeres: una habitación propia. En el convento de San Jerónimo, donde pasó la mayor parte de su vida adulta, su «celda» no era sino una especie de pequeña casa de dos pisos, con su propia cocina, una habitación, un baño y un estudio que abarrotó con cientos de libros y con los más novedosos artefactos científicos de la época. Más que una habitación, ella tenía un dúplex.

Estaba, al parecer, bastante cómoda. Dice en su *Respuesta a Sor Filotea* que sus obligaciones religiosas eran útiles y beneficiosas, pero queda claro que no pensaba lo mismo sobre otras cosas. En realidad, lo que más le disgustaba a Sor Juana de la vida en el claustro era, por encima de todo, la falta de tranquilidad y silencio. Señala esa presencia de otras personas, ese «rumor de comunidad», como un obstáculo para su labor intelectual. Incluso, da como ejemplo algunas escenas que ilustran su fastidio: «como estar yo leyendo y antojárseles en la celda vecina tocar y cantar; estar yo estudiando y pelear dos criadas y venirme a constituir juez de su pendencia; estar yo escribiendo y venir una amiga a visitarme, haciéndome muy mala obra con muy buena voluntad, donde es preciso no sólo admitir el embarazo, pero quedar agradecida del perjuicio». El poco tiempo libre que le quedaba después de terminar con sus deberes no lo podía aprovechar, porque vivía rodeada de una activa vida social. Puede que también hubiera preferido evadir los horarios obligatorios de oración… No lo sabemos, pero eso es algo que en todo caso no le convenía decir abiertamente.

«SOLÍA SUCEDERME QUE, COMO ENTRE OTROS BENEFICIOS, DEBO A DIOS UN NATURAL TAN BLANDO Y TAN AFABLE Y LAS RELIGIOSAS ME AMAN MUCHO POR ÉL (SIN REPARAR, COMO BUENAS, EN MIS FALTAS), Y CON ESTO GUSTAN MUCHO DE MI COMPAÑÍA, CONOCIENDO ESTO Y MOVIDA DEL GRANDE AMOR QUE LAS TENGO, CON MAYOR MOTIVO QUE ELLAS A MÍ, GUSTO MÁS DE LA SUYA: ASÍ, ME SOLÍA IR LOS RATOS QUE A UNAS Y A OTRAS NOS SOBRABAN, A CONSOLARLAS Y RECREARME CON SU CONVERSACIÓN. REPARÉ QUE EN ESTE TIEMPO HACÍA FALTA A MI ESTUDIO, Y HACÍA VOTO DE NO ENTRAR EN CELDA ALGUNA SI NO ME OBLIGASE A ELLO LA OBEDIENCIA O LA CARIDAD».

Su deseo de mayor aislamiento puede dar la impresión de que, para Sor Juana, el aprendizaje era siempre una actividad esencialmente solitaria, que era constantemente interrumpida por el ruido de la cotidianidad: la conversación, el chisme, el ocio. El problema era que con sus hermanas no compartía intereses ni nivel intelectual: no la satisfacían como pares, como interlocutores con los que debatir. En el convento, prefería la soledad. No obstante, hoy sabemos que su vida intelectual no estuvo del todo restringida por las paredes del claustro ni fue individual en su totalidad.

Felizmente para ella, en Santa Paula de las Jerónimas, mucho menos estricto que el convento de la Orden de las Carmelitas Descalzas —del que se retiró después de solo tres meses de internamiento—, el voto de clausura solo se observaba a medias. Como explica Octavio Paz, aunque las religiosas no podían salir, sí les estaba permitido recibir visitas. Los virreyes y sus familiares, muy cercanos a Sor Juana, frecuentaban el convento, así como clérigos de distinto rango, teólogos y todo tipo de intelectuales. De hecho, existían los llamados «locutorios», salas especiales donde, separadas por una reja de madera, las monjas podían reunirse con personas externas para conversar durante largas horas. Así, ella podía charlar con destacados personajes de los círculos intelectuales de su época. De soledad o aislamiento intelectual y creativo, nada: Sor Juana formaba parte de un círculo de escritores y lectores en el que, además, gozaba de prestigio.

Como era usual en su época, también fue muy importante en la vida de la monja el intercambio de largas cartas, dinámica central en los debates intelectuales, académicos y teológicos: aunque la mayor parte de la correspondencia privada de la monja se ha perdido, existen evidencias de que se carteaba, no solo con personajes radicados en América, sino, como dice Paz tal vez exagerando, «con medio España». Hoy sabemos incluso que la monja escribió al menos dos obras en colaboración con otros autores: las comedias *Amor es más Laberinto*, con Juan de Guevara, un reconocido poeta de la época, y *La Segunda Celestina*, con Salazar y Torres.

El diálogo y la interacción con otros eran, entonces, tan importantes para el desarrollo intelectual de Sor Juana como los preciados momentos de soledad que pasaba leyendo y escribiendo en su celda. De hecho, ella misma se queja de que se le haya negado tener maestros o tutores, así como compañeros estudiantes, y considera su ausencia una traba para su aprendizaje: «Lo que sí pudiera ser descargo mío es el sumo trabajo no sólo en carecer de maestro, sino de condiscípulos con quienes conferir y ejercitar lo estudiado, teniendo sólo por maestro un libro mudo, por condiscípulo un tintero insensible…». Exagera, sin duda, porque la verdad es que tuvo varios interlocutores, aunque tal vez habría deseado más o más tiempo para debatir. Es muy seguro que habría deseado estudiar en la universidad. La dualidad entre monólogo y diálogo en la vida de Sor Juana nos revela la importancia de contar tanto con espacios y tareas colectivos como individuales para avanzar en el camino del aprendizaje.

El estudio colectivo que fomenta el intercambio, la discusión y el debate nos enseña a escuchar y a colaborar, a enfrentarnos a diversas perspectivas, abrirnos a otras ideas y hacernos nuevas preguntas. Así podemos llegar a reflexiones más profundas que incluyen distintos puntos de vista, estemos o no de acuerdo. Pensar junto con otros nos obliga, también, a desarrollar nuestras capacidades de comunicar y explicar nuestras ideas con sencillez y claridad, incluso a quienes no comparten los mismos conocimientos. Algunos psicólogos argumentan, además, que el diálogo permite ampliar nuestra capacidad de concentración y alcanzar un mayor rendimiento cognitivo: no en vano, cuando estamos solos, muchas veces tenemos conversaciones con nosotros mismos. Pensar es siempre dialogar, aunque sea con uno mismo.

Eso no quiere decir, en absoluto, que no sea necesario o útil estudiar solo: a veces para enfrentarnos a una lectura ó un problema difícil necesitamos abstraernos del mundo que nos rodea. Tiene también otros beneficios, como la posibilidad de manejar nuestros propios tiempos y ritmos, sin estar pendientes del progreso de los demás. Aunque cada una tiene sus beneficios, es innegable que la práctica más provechosa consiste en combinar ambas modalidades: tomar lo que se aprende individualmente para luego llevarlo a espacios colectivos, en especial con quienes comparten nuestros intereses e inquietudes, y viceversa, suele ser lo más enriquecedor.

«YA SE VE CUÁN DURO ES ESTUDIAR EN AQUELLOS CARACTERES SIN ALMA, CARECIENDO DE LA VOZ VIVA Y EXPLICACIÓN DEL MAESTRO; PUES TODO ESTE TRABAJO SUFRÍA YO MUY GUSTOSA POR AMOR DE LAS LETRAS».

«¿QUÉ HUMOR PUEDE SER MÁS RARO
QUE EL QUE, FALTO DE CONSEJO,
ÉL MISMO EMPAÑA EL ESPEJO,
Y SIENTE QUE NO ESTÉ CLARO?».

EL BURRO HABLANDO DE OREJAS

LECCIÓN 4

Según algunos de sus biógrafos, cuando aún era niña, su madre envió a Juana a vivir a la casa de sus tíos, doña María Ramírez y don Juan de Mata, que vivían en México y participaban de la corte virreinal. Algunos años después, en 1664, una todavía muy joven Juana Inés ingresó a ese espacio como dama de compañía. El hecho de que Soriano, su biógrafo más reciente, argumente que no hay prueba alguna de esa mudanza a la casa de sus tíos en la ciudad, y que se trata de mera especulación, recalca cómo sobre todo ese periodo de su vida se sabe muy poco, a pesar de que duró más de una década. La Sor Juana que escribe la *Respuesta a Sor Filotea* en 1691, casi treinta años después, no cuenta casi nada sobre ese tiempo en su carta: solo se refiere a su prodigioso aprendizaje del latín, y salta directamente a su ingreso al convento de San Jerónimo. Más de diez años pasan de un borrón.

Es difícil saber con certeza cómo fue la juventud temprana de Juana Ramírez, que así se autodenominó durante esos años, pues fue gracias a las conexiones de su familia materna que entró a la corte. Muchos investigadores han intentado saber más sobre esa etapa de su vida, la mayoría para intentar entender mejor por qué decidió tomar el velo y enclaustrarse. Aunque se han fabricado muchísimas teorías, algunas más fantasiosas que otras, no se han encontrado evidencias confiables. Ante esa ausencia de información, la descripción que hace Octavio Paz de cómo era la vida social en la corte de la Nueva España durante los siglos XVI y XVII puede ayudarnos a imaginar cómo fue esa década de la existencia de quien luego se convertiría no solo en la monja jerónima más famosa de la historia, sino en la poeta más importante del Barroco mexicano.

En la época en la que vivió Sor Juana ya era tradición en la corte real de Madrid que las familias importantes enviaran a sus hijas adolescentes a vivir en palacio como damas de compañía de la reina. En el caso de las colonias, no era diferente. De hecho, la corte de la Nueva España era calco de su equivalente peninsular. Así, la virreina recibía también a jóvenes hijas de españoles notables que, mientras seguían solteras, participaban allí de las constantes ceremonias, fiestas y bailes de la alta sociedad. Lejos de la vigilancia familiar, a menudo pasaba lo inevitable: al convivir con los cortesanos, aparecía el deseo, y se forjaban entre ellos relaciones románticas y sexuales, que poco tenían que ver con el matrimonio, considerado en esa época un acuerdo que por lo general se arreglaba entre familias, con poca consideración por los deseos individuales de los futuros novios.

De hecho, según Paz, muchos de los cortesanos que se relacionaban con las jóvenes damas de compañía eran ya hombres casados. Por lo tanto, esos coqueteos, esos «galanteos de palacio», eran otra cosa. Eran por definición relaciones pasajeras, que no implicaban obligaciones morales: en ese sentido,

La monja denuncia que mientras a las mujeres se les impone una demanda imposible.

«LAS MUJERES SIENTEN QUE LAS EXCEDAN LOS HOMBRES, QUE PAREZCA QUE LOS IGUALO; UNOS NO QUISIERAN QUE SUPIERA TÁNTO, OTROS DICEN QUE HABÍA DE SABER MÁS, PARA TÁNTO APLAUSO; LAS VIEJAS NO QUISIERAN QUE OTRAS SUPIERAN MÁS, LAS MOZAS QUE OTRAS PAREZCAN BIEN, Y UNOS Y OTROS QUE VIESE CONFORME A LAS REGLAS DE SU DICTAMEN, Y DE TODOS PUNTOS RESULTA UN TAN EXTRAÑO GÉNERO DE MARTIRIO CUAL NO SÉ YO QUE OTRA PERSONA HAYA EXPERIMENTADO».

era importante para las mujeres evitar que esos romances terminaran en embarazos, pues esos hombres no iban a casarse con ellas. Aunque parezca contradictorio, en una sociedad en la que los principios religiosos eran muy estrictos —era todavía la época de la Santa Inquisición, y herejía e idolatría se perseguían y castigaban de forma implacable—, no pasaba lo mismo con ese tipo de «desórdenes de la conducta». En realidad, estaban bastante normalizados y eran parte de la vida en la corte que la joven Juana Inés conoció.

No debería sorprendernos entonces, sabiendo cuál era la situación de las damas de compañía en el Virreinato de la Nueva España, que tanto la misma Sor Juana como el padre Calleja, su principal biógrafo, se hayan saltado casi por completo esa temporada de su vida. Aunque no exista ninguna evidencia concreta de que, antes de ser monja, Sor Juana haya vivido sus propios coqueteos o amoríos, no es improbable: siendo ella una joven bella, además de hábil y virtuosa, no sería raro que alguno que otro cortesano haya pretendido ganar su favor. Tampoco es imposible que ella haya sentido gusto o atracción por alguno, pero simplemente no hay cómo saberlo. Lo cierto es que poco o nada podían aportar historias de ese tipo a la defensa de su labor intelectual como compatible con su deber religioso, y menos aún a su representación como un modelo de vida cristiana. Acerca de ese periodo, era preferible callar.

Al margen de su participación personal en esas dinámicas, es innegable que Sor Juana conociera de primera mano la existencia y la normalización de esa moral ambigua, que no prohibía las relaciones extramatrimoniales, pero tampoco las legitimaba completamente, y cuyos peligros asociados eran desproporcionados para hombres

«... SI ALGUNOS PADRES DESEAN DOCTRINAR MÁS DE LO ORDINARIO A SUS HIJAS, LES FUERZA LA NECESIDAD Y FALTA DE ANCIANAS SABIAS, A LLEVAR MAESTROS HOMBRES A ENSEÑAR A LEER, ESCRIBIR Y CONTAR, A TOCAR Y OTRAS HABILIDADES, DE QUE NO POCOS DAÑOS RESULTAN, COMO SE EXPERIMENTAN CADA DÍA EN LASTIMOSOS EJEMPLOS DE DESIGUALES CONSORCIOS [...]
POR LO CUAL, MUCHOS QUIEREN MÁS DEJAR BÁRBARAS E INCULTAS A SUS HIJAS QUE NO EXPONERLAS A TAN NOTORIO PELIGRO COMO LA FAMILIARIDAD CON LOS HOMBRES».

y mujeres. Y, por supuesto, tenía una opinión al respecto. En el que probablemente es su poema más leído, critica con dureza el doble estándar con el que se juzgan las acciones de ambos géneros, de forma que la responsabilidad se achaca siempre a las mujeres:

«Hombres necios que acusáis
a la mujer sin razón,
sin ver que sois la ocasión
de lo mismo que culpáis
[...]
¿por qué queréis que obren bien
si las incitáis al mal?».

La poeta invierte la figura: quienes tienen más responsabilidad en ese tipo de situaciones, debido a su posición de poder, son precisamente los hombres y no las mujeres a quienes acusan.

Además, no debemos olvidar que, si bien haber conocido la vida cortesana debe haber sido muy importante para su crítica de las dinámicas sexuales de poder entre hombres y mujeres, Sor Juana ya había tenido antes experiencia respecto de ese tipo de injusticias. Ella misma fue hija ilegítima y, aunque no sabemos si alguna vez conoció a su padre, todo indica que este no estuvo presente en su vida: al menos hasta que volvió a casarse, su madre administró sola la hacienda en la que vivían. Sus hermanas tampoco tuvieron mucha suerte en sus matrimonios; de hecho, una de sus sobrinas, Isabel María de San José, al ser abandonada por su padre, fue acogida por ella misma en el convento. Se trata, entonces, de dinámicas sociales que marcaron buena parte de su vida y la de las mujeres a su alrededor, fundadas en una moral hipócrita:

«Pues ¿cómo ha de estar templada
la que vuestro amor pretende,
si la que es ingrata, ofende,
y la que es fácil, enfada?».

Incluso puede que su experiencia con el cortejo masculino se haya prolongado hasta el claustro, ya que no era raro —afirma Octavio Paz— que en los locutorios las monjas fueran visitadas por impertinentes pretendientes.

Estas experiencias de vida, propias y ajenas, sin duda alimentaron su obra y aquellas ideas recogidas de los libros que devoraba a diario. Al menos desde el siglo xv estaba vigente un continuo debate sobre la relación entre lo que hoy conocemos como género y ciertas cualidades morales, en el que Sor Juana debe haber visto reflejadas y confrontadas sus ideas. No es extraño entonces que incluya referentes literarios, provenientes de sus lecturas, en sus poemas en defensa de las mujeres. En «Hombres necios» se refiere, por ejemplo, a Thais y Lucrecia, dos personajes arquetípicos radicalmente opuestos, para criticar la misoginia entre sus contemporáneos. La primera es el paradigma de la mujer licenciosa, nada más y nada menos que una cortesana, y la segunda es la esposa ideal, casi heroicamente casta:

«Queréis, con presunción necia,
hallar a la que buscáis,
para pretendida, Thais,
y en la posesión, Lucrecia».

Así, la monja denuncia que mientras a las mujeres se les impone una demanda imposible —ser dos cosas totalmente distintas a la vez—, los hombres no solo se niegan a asumir su responsabilidad en el asunto, sino que se atreven a culparlas por las acciones que ellos mismos incitan. Se sienten muy cómodos, digamos, al tirar la primera piedra.

Frente a una visión dicotómica de la realidad moral —simplista, superficial y, además, machista—, Sor Juana propone una perspectiva más profunda. Señala la necesidad de una aproximación más honesta a la crítica ética. Al juzgar una situación o un comportamiento, sugiere, es fundamental primero identificar las causas que subyacen a esas acciones. Luego, resulta crucial reconocer nuestro propio papel o participación en ellas, en lugar de simplemente buscar echar la culpa a otros. Quizás, aunque no nos hayamos considerado, estamos contribuyendo al problema o incluso somos su causa. Por ello, es esencial medirnos a nosotros con la misma vara que pretendemos usar para los demás.

«CON EL FAVOR Y EL DESDÉN
TENÉIS CONDICIÓN IGUAL,
QUEJÁNDOOS SI OS TRATAN MAL,
BURLÁNDOOS SI OS QUIEREN BIEN.
OPINIÓN, NINGUNA GANA;
PUES LA QUE MÁS SE RECATA,
SI NO OS ADMITE, ES INGRATA,
Y SI OS ADMITE, ES LIVIANA».

«¿PUES POR LA —EN MÍ DOS VECES INFELIZ— HABILIDAD DE HACER VERSOS, AUNQUE FUESEN SAGRADOS, ¿QUÉ PESADUMBRES NO ME HAN DADO O CUÁLES NO ME HAN DEJADO DE DAR?».

LA FAMA FUERA DEL CLAUSTRO

LECCIÓN 5

Aunque el debate sobre el año exacto de su nacimiento sigue sin resolverse, y por ello tampoco podemos precisar cuántos años fue monja, sí sabemos con certeza que Juana de Asuaje pasó la mayor parte de su vida adulta entre los muros del convento de Santa Paula. Fue en ese espacio, que compartía con sus hermanas jerónimas y muchas pupilas, esclavas y sirvientas, donde la notoriedad que había comenzado a ganar como dama de compañía de la virreina se amplificó considerablemente. A pesar de vivir en reclusión hasta el fin de su vida, limitada en su capacidad de moverse con libertad, alcanzó fama internacional cuando aún era muy joven, bajo el nombre con el que hoy la recordamos: Sor Juana Inés de la Cruz.

Hasta donde sabemos, después de tomar el velo, ella nunca volvió a salir físicamente de esa ciudad en miniatura que era el convento. Sin embargo, sí viajó mucho más allá de sus muros y rejas, e incluso cruzó el océano Atlántico por medio de la escritura. Aunque su figura cayó en el olvido durante el siglo XIX, en parte por el cambio de gustos literarios, fue ampliamente reconocida en vida y siguió siéndolo hasta bien entrado el siglo XVIII. La llamaban la «Décima

Musa», como si fuera una más de las nueve divinidades griegas que son patronas de las artes, y también la «Fénix de América», un título que la equiparaba con Lope de Vega, uno de los escritores más importantes del Barroco español, conocido como el «Fénix de los Ingenios».

Como era esperable de una religiosa con un talento especial para las letras, Sor Juana produjo desde el claustro al menos 22 villancicos para las ceremonias litúrgicas de las catedrales de México y Puebla, así como varios autos sacramentales. Los villancicos, que sin duda fueron en la época sus textos con más amplio público y difusión, se hicieron tan populares y exitosos que se reeditaron mucho más de una vez, incluso después de su muerte. Pero villancicos y autos sacramentales aparte, un indicador importantísimo de que Sor Juana era un personaje célebre en la sociedad de su época es el carácter no solo público sino secular de gran parte de su escritura.

Aunque no era raro que las monjas, especialmente las jerónimas, se dedicaran a estudiar y escribir, lo que sí era inusual —y, por qué no decirlo, mal visto— era que abordaran temas no religiosos y, más aún, que sus textos se publicaran. En ese sentido, Sor Juana se salió totalmente del molde. No vivía recluida ni apartada del mundo. Tampoco vivía en el anonimato. Bajo la protección sucesiva de dos virreinas, Leonor Carreto y María Luisa Manrique de Lara, siguió proveyendo al palacio, después de haber tomado el velo, de textos profanos: loas, comedias y poemas para las distintas celebraciones y festejos. Es más, Sor Juana no solo escribió obras teatrales, sino que al menos tres de estas se representaron públicamente durante su vida: *La segunda Celestina* (1679), *Los empeños de una casa* (1683) y

> ... la monja se convirtió en una persona pública, con prestigio e influencia.

«SUS EXCELENCIAS ME HONRAN PORQUE SON SERVIDOS NO PORQUE YO LO MEREZCA, NI TAMPOCO PORQUE AL PRINCIPIO LO SOLICITÉ».

Amor es más laberinto (1689). Esos montajes le dieron acceso a uno de los espacios de discurso público más importantes de su tiempo, además del púlpito, que estaba reservado para los sacerdotes... algo difícilmente compatible con el ideal de monja católica del siglo XVII.

De hecho, era tan conocida por su talento que se le encargó la elaboración de un arco triunfal para recibir al nuevo virrey, don Tomás Antonio de la Cerda y Aragón. Para entender la importancia de este encargo, cabe recordar que el mismo pedido le fue hecho a Carlos Sigüenza y Góngora, un contemporáneo suyo que había recibido educación formal desde los 15 años, y en cuyo momento era catedrático de la Universidad de México. El resultado de ambos encargos, el *Neptuno Alegórico* (1680) de Sor Juana y el *Teatro de Virtudes Políticas* (1680) de Sigüenza y Góngora, fue leído como parte de las celebraciones públicas. Estas, que incluían desfiles y ceremonias oficiales de bienvenida a la nueva cabeza del Estado, convocaban a miles de personas, tanto miembros de la élite novohispana como público general.

Así, la monja se convirtió en una persona pública, con prestigio e influencia; hoy sabemos que no solo intercambiaba correspondencia, sino sofisticados regalos con importantes personajes de la corte de la Nueva España. Si bien, lamentablemente, sus cartas personales se han perdido, se ha encontrado una que María Luisa Manrique, marquesa de la Laguna, escribió en 1682 a su prima, María de Guadalupe de Lencastre, la duquesa de Aveiro. En ella revela su admiración por la monja jerónima, una «rara mujer» de inteligencia «sobrenatural», que gozaba de gran fama: «pasmaba a todos los que la oían porque el ingenio es grande». Fue gracias a la fascinación de la marquesa —quien se convertiría en su íntima amiga— por las habilidades intelectuales de Sor Juana, que se publicó el primer tomo de su obra.

«PUES ¿QUÉ DICHOS SON ESTOS TAN CULPABLES?, ¿LOS APLAUSOS Y CELEBRACIONES VULGARES LOS SOLICITÉ? Y LOS PARTICULARES FAVORES Y HONRAS DE LOS EXCELENTÍSIMOS SEÑORES MARQUESES QUE POR SOLA SU DIGNACIÓN Y SIN IGUAL HUMANIDAD ME HACEN ¿LOS PROCURÉ YO?»

Al abandonar su puesto y volver a España, la marquesa de la Laguna llevó consigo los poemas que en 1689 se editaron y publicaron en Madrid bajo un larguísimo y pomposo título: *Inundación Castálida de la única poetisa, musa dezima, soror Juana Inés de la Cruz, religiosa professa en el monasterio de San Gerónimo de la Imperial Ciudad de Mexico que en varios metros, idiomas y estilos fertiliza varios asuntos con elegantes, sutiles, claros, ingeniosos, útiles versos para enseñanza, recreo y admiración.* Ese tomo, que se editó por segunda vez apenas un año después, fue solo el primer volumen en publicarse. En 1692 salió el segundo y en 1700 el tercero, ya póstumo. Ambos se reeditaron en los años siguientes más de una vez: la celebridad de Sor Juana siguió creciendo hasta su muerte, y continuó aún mucho después de esta. En una época en la que publicar era mucho menos sencillo y más costoso que ahora, tal demanda no era poca cosa: era, sin duda, una escritora muy famosa.

Sor Juana participaba en un debate abierto, y por ello recibió tanto aplausos como críticas.

Al pensar en ella como una figura notoria, es importante recordar la célebre *Carta Atenagórica* (1690), incluida en el segundo volumen de sus obras, así como la posterior réplica, la *Respuesta a Sor Filotea* (1691). Aunque uno podría asumir que ambas, por ser cartas, nunca estuvieron pensadas para ser vistas por ojos ajenos, en aquella época ese género ocupaba un lugar ambiguo entre lo privado y lo público: con ese carteo, en realidad, Sor Juana participaba en un debate abierto, y por ello recibió tanto aplausos como críticas. Si hubiera vivido en nuestros tiempos, en vez de cartas quizás se habrían publicado capturas de pantalla de su chat con Manuel Fernández de Santa Cruz, que este luego habría compartido en Twitter con el *handle* Sor Filotea.

«CIERTO, SEÑORA MÍA, QUE ALGUNAS VECES ME PONGO A CONSIDERAR QUE EL QUE SE SEÑALA —O LE SEÑALA DIOS, QUE ES QUIEN SÓLO LO PUEDE HACER— ES RECIBIDO COMO ENEMIGO COMÚN PORQUE PARECE A ALGUNOS QUE USURPA LOS APLAUSOS QUE ELLOS MERECEN O QUE HACE ESTANQUE DE LAS ADMIRACIONES A QUE ASPIRABAN, Y ASÍ LE PERSIGUEN».

Hoy, como en la Nueva España del siglo XVII, quienes pertenecían a su círculo sabrían, sin duda, quién se esconde tras ese seudónimo. Si las capturas de pantalla se hubieran publicado con el consentimiento de Sor Juana, permanecería en misterio. Pero al menos de parte de Santa Cruz quedaría claro que sus opiniones, en apariencia privadas, estaban destinadas al foro público.

Aunque para Alejandro Soriano las muestras de admiración que Sor Juana recibió nunca fueron deseadas, y argumenta que más bien eligió el convento para evadir la fama, resulta un poco difícil de creer que no haya disfrutado al menos un poco de ser una estrella, aunque eso le haya provocado sentimientos encontrados. Su fama, además, tenía un lado negativo que se revela en sus quejas sobre los avatares de ser figura pública: así como muchos la halagaban y admiraban, otros la criticaban y desmerecían. Pero todos hablaban de ella, y lo sabía. Si Sor Juana hubiera vivido hoy, habría sido una celebridad; tal vez uno de esos tuiteros que, sin proponérselo, se vuelven virales y luego le toman el gusto al asunto. Es probable que también se le subiera un poco la fama a la cabeza.

Justificada o no, lo cierto es que tener una valoración muy alta de uno mismo no se adecuaba a lo que se esperaba de una monja de claustro. Un valor importantísimo era la humildad, y por ello su tiempo y sus labores debían estar dedicados a acercarse, en silencio, a Dios, no a obtener fama y reconocimiento entre los mortales. Esta es la advertencia central que recibe en la *Carta de Sor Filotea* (1690): que su excesiva dedicación a la lectura y la escritura seculares la ponían en riesgo de incurrir en el primer pecado de la historia católica, y quizás el más grave: la soberbia, esa misma que había llevado a Lucifer, que antes fuera un ángel, a la desobediencia.

«Suelen en la eminencia de los templos colocarse por adorno unas figuras de los vientos y de la fama, y por defenderlas de las aves, las llenan todas de púas; defensa parece y no es sino propiedad forzosa: no puede estar sin púas que la puncen quien está en alto. Allí está la ojeriza del aire; allí es el rigor de los elementos; allí despican la cólera los rayos; allí es el blanco de piedras y flechas. ¡Oh infeliz altura, expuesta a tantos riesgos!».

«Y ASÍ, PESE A QUIEN PESARE,
ESCRIBO, QUE ES COSA RECIA,
NO IMPORTANDO QUE HAYA A QUIEN
LE PESE LO QUE NO PESA.
[...]
SÉ QUE NACÍ TAN POETA,
QUE AZOTADA, COMO OVIDIO,
SUENAN EN METRO MIS QUEJAS».

AUTOCONOCIMIENTO O NARCISISMO

LECCIÓN 6

Hoy en día, es difícil navegar por las redes sociales sin encontrarse con la palabra *narcisismo* y sus variantes, ya sea en formato serio o en forma de meme. Aunque su uso en publicaciones impresas ha ido en aumento desde la década de 1960, el término está experimentando un resurgimiento notable desde principios del siglo XXI. De hecho, si revisamos Google Trends para analizar las búsquedas que han incluido el término durante los últimos veinte años, resulta que estas se han cuadriplicado, y no hay señales de un declive próximo. Para muchos, ya forma parte de nuestro sentido común y se ha incorporado a nuestro vocabulario cotidiano, incluso si no podemos definir con precisión su significado: tal vez lo usamos o lo hemos usado de manera indiscriminada.

Entonces ¿qué es el narcisismo y qué define a un narcisista? El origen del concepto se encuentra en la mitología griega. Aunque existen diversas versiones del mito que le da nombre, la más conocida es la que Ovidio relata en sus *Metamorfosis*: en ella, Narciso, un joven cazador de extraordinaria belleza, rechaza con crueldad a todos sus pretendientes, hombres y mujeres, hasta que al fin se enamora perdidamente de su propio reflejo. Al verse a sí mismo en un charco de agua, queda fascinado por su propia imagen, de la cual no quiere separarse, pero no puede alcanzar. Perdidamente enamorado, deja de comer y beber, hasta que muere. Como metáfora, la figura de Narciso fue empleada por primera vez a finales del siglo XIX en el ámbito de la psicología y el psicoanálisis, para describir aquellos rasgos de personalidad asociados con la vanidad, el egocentrismo excesivo y la consecuente falta de empatía hacia los demás.

Aunque el término ya llevaba décadas en uso en el mundo de la psicoterapia, fue recién en la segunda mitad del siglo XX que pasó a formar parte de lo que podríamos llamar la conciencia colectiva o el sentido común, al menos en los mundos angloparlante e hispanohablante. Ya en 1946, bajo la influencia del psicoanálisis, el biógrafo e hispanista alemán Ludwig Pfandl había catalogado a Sor Juana Inés de la Cruz como una narcisista, argumentando que esta no había amado a ningún hombre, sino solo a sí misma —dejando de lado, por un momento, el sesgo heterosexista de la época y la suposición infundada sobre sus sentimientos—. Sin embargo, fue Octavio Paz quien, casi 35 años más tarde, hizo popular esta teoría con algunas discrepancias en *Sor Juana Inés de la Cruz o Las trampas de la fe* (1982). Paz identifica en la monja no solo un deseo por conocer, sino una avidez por ser conocida. La diferencia es que para él ese narcisismo de Sor Juana se manifiesta, finalmente, en una profunda introspección. Es un contemplarse no para admirarse, sino para mirarse

Aunque en los escritos de Sor Juana abundan las expresiones de minimización de sí misma y autodesprecio, no es posible interpretar estos comentarios como una forma sincera de autocrítica.

«¿CUÁNDO, NÚMENES DIVINOS,
DULCÍSIMOS CISNES, CUÁNDO
MERECIERON MIS DESCUIDOS
OCUPAR VUESTROS CUIDADOS?

¿DE DÓNDE A MÍ TANTO ELOGIO?
¿DE DÓNDE A MÍ ENCOMIO TANTO?
¿TANTO PUDO LA DISTANCIA
AÑADIR A MI RETRATO?
¿DE QUÉ ESTATURA ME HACÉIS?
QUE DESCONOCE LA ALTURA
DEL ORIGINAL LO BAJO?
NO SOY YO LO QUE PENSÁIS,
SI NO ES QUE ALLÁ ME HABÉIS DADO
OTRO SER EN VUESTRAS PLUMAS
Y OTRO ALIENTO EN VUESTROS LABIOS,
Y DIVERSA DE MÍ MISMA
ENTRE VUESTRAS PLUMAS ANDO,
NO COMO SOY, SINO COMO
QUISISTEIS IMAGINARLO».

de manera crítica. Pero ¿podemos llamar narcisista a una persona que se observa a sí misma para conocerse, que, aunque absorta, ve también sus faltas y debilidades? ¿Se miran realmente a sí mismos los narcisistas o solo a la imagen idealizada que han construido de sí mismos?

Lo cierto es que hoy en día, cuando usamos la palabra *narcisista* en nuestra vida cotidiana, por lo general nos referimos a una cualidad que solo puede ser negativa: la asociamos con personas muy egocéntricas, que se creen superiores a los demás y que son en extremo egoístas, preocupadas solo por sí mismas y por obtener lo que desean, muchas veces a costa de otros. Sin embargo, la mayoría de los psicólogos coincide en que todos somos un poco narcisistas y que eso no solo es normal, sino incluso saludable. Todos necesitamos tener un grado moderado de autoestima, que no sea tan grande que nuble la posibilidad de autocrítica, y para estar vivos debemos preocuparnos no solo por las necesidades de los demás, sino también por las propias. El narcisismo se vuelve problemático cuando es excesivo, cuando implica una autoestima desproporcionada e inhibe la capacidad de sentir empatía por otros.

Aunque en los escritos de Sor Juana abundan las expresiones de minimización de sí misma y autodesprecio, no es posible interpretar estos comentarios como una forma sincera de autocrítica. La falsa modestia era un recurso frecuente en la literatura barroca, que ella empleaba principalmente como una estrategia discursiva para ganarse el favor de los demás y protegerse de sus críticos. No podemos negar que la monja jerónima parece haber gozado de una saludable autoestima: pocas veces en su discurso, pero con claridad en sus acciones, muestra una sólida confianza en sí misma, en especial en

«¿QUÉ REVELACIÓN DIVINA, QUÉ DETERMINACIÓN DE LA IGLESIA, QUÉ DICTAMEN DE LA RAZÓN HIZO PARA NOSOTRAS TAN SEVERA LEY?»

sus capacidades intelectuales y líricas, que además le permitieron ganarse el favor de figuras poderosas e influyentes en la corte virreinal. De no ser así, probablemente jamás se habría atrevido a estudiar y escribir como lo hizo, y mucho menos aún a criticar públicamente el sermón de un respetado teólogo como el padre jesuita Antonio Vieira. En la Nueva España del siglo XVII, su actitud fue radicalmente opuesta a la que se esperaba de las monjas de claustro, quienes debían pasar desapercibidas y retirarse del mundo para dedicarse de lleno a su vocación religiosa. Sor Juana corría el riesgo de ser vista como soberbia y vanidosa, de incurrir en ese pecado en el que se consideraba en particular volubles a las mujeres, aquel que había llevado al mismísimo Luzbel a la rebeldía. Así se lo advierte veladamente Manuel Fernández de Santa Cruz en su carta: «Letras que engendran elación, no las quiere Dios en la mujer; pero no las reprueba el Apóstol cuando no sacan a la mujer del estado de obediente».

Aunque se muestra modesta ante los halagos, tampoco se queda callada ante la crítica y los comentarios negativos.

Como cualquiera, alguna satisfacción debió haber encontrado ella en los aplausos y la admiración que durante su vida recibió. Muchos la adularon por su talento y su dedicación, y la llamaron, muy sinceramente, la «Décima Musa» y la «Fénix de América», elogios que al menos de manera pública puso en cuestión e incluso rechazó. Más allá de la falsa modestia, es posible que su notoriedad haya sido, al menos al principio, un efecto secundario no intencionado del camino de vida que eligió. Lo cierto es que poco sabemos sobre sus verdaderas intenciones y sentimientos respecto de la fama, y cómo con esta evolucionó o no su auténtica autopercepción. Aunque se muestra modesta ante los halagos, tampoco se queda callada ante la crítica y los comentarios negativos: «¿Quién no creerá, viendo tan generales aplausos, que he navegado viento en popa y mar en leche, sobre las palmas de las aclamaciones comunes? Pues Dios sabe que no ha sido muy así, porque entre las flores de esas mismas aclamaciones se han levantado y despertado tales áspides de emulaciones y persecuciones, cuantas no podré contar…». Suele ser en esos momentos que reconoce sus cualidades positivas, y afirma así su propia inteligencia: «Cualquiera eminencia, ya sea de dignidad, ya de nobleza, ya de riqueza, ya de hermosura, ya de ciencia, padece esta pensión; pero la que con más rigor la experimenta es la del entendimiento». No obstante, aunque la laureada monja haya tenido una imagen particularmente alta de sí misma, no hay nada en su vida que indique que era una persona egoísta o falta de empatía.

En el convento, parece haber tenido buenas relaciones con sus pares: «gustan mucho de mi compañía, […] movida del grande amor que las tengo, con mayor motivo que ellas a mí, gusto más de la suya: así, me solía ir los ratos que a unas y a otras nos sobraban, a consolarlas y recrearme con su conversación». Sí, reniega también de la cotidianidad compartida porque su «ruido mundanal» la envuelve y le arrebata su preciado tiempo de estudio, pero precisamente porque también se siente atraída por él. Cuenta, en la *Respuesta a Sor Filotea*, que por eso continuamente hacía un voto de no entrar en las celdas de sus «carísimas hermanas», a menos que fuera por obediencia o caridad, para mantener su disciplina y evitar distraerse demasiado. Sabemos también que, aprovechando su ventajosa posición, Sor Juana intercedió para apoyar a su familia. Ayudó a una de sus hermanas a financiar la tenencia de una hacienda, cuando esta fue abandonada por su marido, y recibió a una de sus sobrinas y a sus dos medias hermanas en su celda en el convento de Santa Paula. Este no parece, ciertamente, el comportamiento de una persona que solo se preocupa por sí misma.

Ya que en un principio nos hemos referido al origen del concepto *narcisismo*, tal vez valga la pena referirnos a la particular perspectiva que la misma Sor Juana desarrolla en uno de sus poemas más valorados a partir de ese mito. En el famoso auto sacramental, Cristo, el *Divino Narciso*, se enamora de su propia imagen. Sin embargo, esta es la de la naturaleza humana y por lo tanto la de todos los hombres y mujeres: al amarse a sí mismo, este Narciso ama al otro, y así, lleno de amor, se sacrifica por él.

«ÉL LO DICE, Y DE MANERA
EFICAZ LO PERSÜADE,
QUE CASI ESTOY POR CREERLO,
Y DE AFIRMARLO POR CASI.
¿QUE FUERA, QUE FUERA YO,
Y NO LO SUPIERA ANTES?
¿PUES QUIÉN DUDA QUE ES EL FÉNIX
EL QUE MENOS DE SÍ SABE?
PARA DIOS, YO LO QUIERO SER,
Y PÉSELE A QUIEN PESARE;
PUES DE QUE ME QUEME YO,
NO ES RAZÓN QUE OTRO SE ABRASE.
YO NO PENSABA EN TAL COSA;
MAS SI ÉL GUSTA GRADÜARME
DE FÉNIX, ¿HE DE ECHAR YO
AQUESTE HONOR EN LA CALLE?».

«EL ESCRIBIR NUNCA HA SIDO DICTAMEN PROPIO, SINO FUERZA AJENA...».

ARTE DE OCASIÓN

LECCIÓN 7

En varias de las cartas que hasta hoy se conservan, Sor Juana insiste en que, cuando ha escrito, no lo ha hecho siguiendo sus deseos, sino las órdenes de otros. Así, afirma que toda su producción literaria, excepto «ese papelillo que llaman *El Sueño*», no ha sido fruto de su propia voluntad, sino una respuesta forzada a «ruegos y preceptos ajenos». Para quienes conocen la variedad y amplitud de su obra, es difícil no tomar esa afirmación como una exageración que ella usa para desentenderse de cualquier responsabilidad que por su dedicación a las letras se le pudiera achacar.

Sin embargo, aunque la monja jerónima escribió obras en las que sus ideas e inquietudes propias aparecen y se desarrollan, y no parecen responder a ninguna obligación, también es cierto que un gran porcentaje de sus poemas son lo que se suele llamar «piezas de ocasión». Estos trabajos son textos que, algo repetitivos, toman la forma de homenajes, epístolas, loas, parabienes y afines. Es decir, todo tipo de composiciones poéticas que tenían como fin conmemorar, precisamente, una ocasión considerada importante o especial. A menudo, Sor Juana escribió poemas para celebrar el nacimiento, el cumpleaños o la muerte de una persona importante de la Iglesia o la corte virreinal. En estos, con tono grandilocuente y solemne, la religiosa celebraba las supuestamente enormes virtudes de estos personajes, y les declaraba su afecto y lealtad.

Sor Juana no fue la única que se dedicó a ese tipo de escritura. Aunque hoy nos pueda parecer ajena o incluso contradictoria la idea de producir arte por encargo, y no por voluntad propia, entre los siglos XVI y XVIII esa dinámica no interfería ni disminuía la valoración de las obras como arte ni de quienes las producían como artistas. De hecho, era una práctica importante para constituirse como tales, y alcanzar fama y popularidad. Esta forma lírica de elogio y aplauso no solo era común, sino fundamental para las dinámicas sociales de la época. Para los poderosos, era como un presente, un regalo, además de una muestra de deferencia pública. Ni siquiera los poetas más famosos del Barroco escaparon a la práctica de la adulación cortesana: Luis de Góngora, Francisco de Quevedo, Lope de Vega y Calderón de la Barca escribieron piezas de ocasión.

En una sociedad tan jerárquica como la que habitaba Sor Juana, la Nueva España del siglo XVII, donde las rígidas divisiones de clase, raza y género marcaban la pauta para todas las interacciones sociales, las cortesías y la etiqueta inherentes a ese tipo de obras literarias jugaban un papel importante. Eran una manifestación de la forma en que estaba estructurada la sociedad y de cuáles eran sus valores. Es decir, dejaban claro quién era quién, y cuál era el lugar de cada uno en el orden social. Además, desempeñaban el rol de una barrera o división en términos de accesibilidad, por el tipo de lenguaje y las imágenes que se usaban. En una época en que buena parte de la población no sabía leer y escribir, estas piezas estaban plagadas, a

No era suficiente saber escribir o leer para entenderlas, sino que había que ser letrado, tener un grado específico de educación y un equipaje cultural concreto al que podían acceder pocos.

«POR NO FALTAR, LISI BELLA,
AL INMEMORIAL ESTILO
QUE ES DEL CORTESANO CULTO
EL MÁS VENERADO RITO,
QUE A FOJA PRIMERA MANDA
QUE EL GLORIOSO NATALICIO
DE LOS PRÍNCIPES CELEBREN
OBSEQUIOSOS REGOCIJOS,
TE ESCRIBO...».

propósito, de intrincados juegos verbales, referencias cultas y metáforas complicadas.

No era suficiente saber escribir o leer para entenderlas, sino que había que ser letrado, tener un grado específico de educación y un equipaje cultural concreto al que podían acceder pocos. Se trataba, sin duda, de un lenguaje reservado a un sector privilegiado: el único que lo podía descifrar era la élite cortesana. Muy suspicaz, la joven Juana Inés aprendió, desde muy pequeña, a hablar con mucha fluidez ese lenguaje, y a llenarlo de lisonjas y adulaciones. Aunque Paz describa esa característica de sus obras negativamente, llamándola un «vicio», fue gracias al manejo diestro de esa habilidad que la religiosa pudo ganarse el afecto de quienes, a lo largo de su vida, fueron sus mecenas y protectores. No en vano les dedicó tantos poemas. Entre sus obras, suelen ser esas a las que hoy se les da menos valor literario. Sin embargo, fueron esas mismas su principal puerta de entrada a la realización, no sin restricciones, de su vocación intelectual.

Tal vez el tipo de textos que Sor Juana escribió para virreyes y arzobispos, aunque estén en verso, no se ajustan mucho a nuestra idea actual de poesía, y leer nos puede parecer aburrido o repetitivo. Estos responden, de hecho, a fórmulas y esquemas preestablecidos, a los que la monja añadía su particular sazón, su ingenio personal. A eso se debió, en gran medida, su enorme éxito y popularidad. Eran poemas que se ajustaban a los modelos de su tiempo, bastante lejanos de los del nuestro.

Hoy es común entender la poesía como una entre muchas formas posibles de expresión sincera de nuestros sentimientos personales, casi siempre en tono confesional. En esa medida, aunque se reconozca hoy la existencia de referencias y referentes, se espera

«ERA SOBREDESCARADO ATREVIMIENTO, VILLANO Y GROSERO DESAGRADECIMIENTO A QUIEN ME HONRABA CON EL CONCEPTO DE PENSAR QUE SABÍA HACER UNA MUJER IGNORANTE, LO QUE TAN LUCIDOS INGENIOS SOLICITABAN: LUEGO NO PUDO HACER OTRA COSA QUE OBEDECER».

sobre todo autenticidad, la originalidad: se supone que son nuestras emociones y las de nadie más. En cambio, en la tradición de la poesía barroca en la que se inscribe Sor Juana, la experiencia individual solo podía encontrar lugar y reconocimiento al adaptarse a ciertos temas recurrentes y esquemas arquetípicos: debían encajar en una tipología preestablecida para tener sentido. Lo individual se disolvía en las fórmulas, importaba más el ingenio que la autenticidad. Por eso los sonetos y liras de amor de la Décima Musa no eran leídos necesariamente en su época como confesiones románticas, como ha sucedido muchas veces durante el siglo xx, sino simplemente como ensayos formales en torno a una cuestión universal.

> **A pesar de su singularidad personal, la totalidad de su obra respondió, como la de cualquier artista, a la atmósfera artística e intelectual de su tiempo.**

Las diferencias entre estas ideas históricas de cómo debe ser la poesía se reflejan también en expectativas muy distintas en cuanto a la forma que deben tener los poemas, en cómo debe ser la construcción de los versos. En la poesía contemporánea se prefiere el verso libre, sin un número definido de sílabas, sin darles mayor importancia a la métrica y el ritmo. Son muy pocos los que aún escriben liras y sonetos. Hoy no solemos valorar un poema conforme a si sigue de manera adecuada estructuras fijas de verso y estrofa ni formas específicas de rima; de hecho, a menudo, estas formas nos pueden parecer anticuadas o, incluso, resultar infantiles.

Pero fue precisamente el manejo inventivo de las fórmulas preestablecidas del Barroco, acorde al gusto y el estilo específico de su época, lo que le valió a Sor Juana su renombre en el mundo de las letras. La Décima Musa escribió con gran habilidad y sofisticación sonetos, romances, glosas, décimas, seguidillas, y mostró su dominio sobre todas esas formas. Fue, como afirma Octavio Paz, una de las grandes versificadoras de la lengua; como la llama Alejandro Soriano, la «doncella del verbo». Pero resaltó, además, por sus ingeniosas invenciones, la gran riqueza de sus imágenes y la especial gracia de sus giros verbales, acordes también al espíritu de la época. A pesar de su singularidad personal, la totalidad de su obra respondió, como la de cualquier artista, a la atmósfera artística e intelectual de su tiempo, y a una serie de modelos preexistentes que se podía intentar imitar, superar o desafiar. Existe una relación clara entre el momento histórico que habitó el artista y su obra. Ella vivió, como nosotros, en una sociedad.

Sin embargo, que la monja jerónima haya desarrollado sus obras dentro de una tradición no significa que no haya encontrado espacio para desarrollar y expresar sus propias ideas. Sabemos ya que ese «papelillo», esa obra que ella misma excluye de su abundante escritura por obligación, es única, más allá de su época, en su abordaje del tema del conocimiento y su adquisición. Se sale de la norma. Además, incluso cuando emplea fórmulas litúrgicas tradicionales, como los villancicos, su elección de temas y su estilo revelan esa particularidad que la hace una figura tan interesante hasta el día de hoy. Dedicó, por ejemplo, villancicos a Santa Catarina o Santa Catalina, actual patrona de la Universidad Nacional de México, de las estudiantes y de las jóvenes solteras. Más conocida como Catalina de Siena, fue una mujer que, además de ser una gran mística, participó activa y públicamente de la vida política e intelectual de su época, como deseaba poder hacerlo la misma Sor Juana. La elección no esconde sus motivos. En su obra, como en el arte, conviven siempre en distintos grados y formas de relación los mandatos de la época y el empuje individual, las tradiciones y su ruptura. Tal vez es precisamente en la expresión de esas tensiones en lo que reside su carácter artístico, su magnetismo y su autenticidad.

«... MI TINTERO ES LA HOGUERA DONDE TENGO QUE QUEMARME».

«QUIEN AMA PORQUE ES QUERIDA,
SIN OTRO IMPULSO MÁS NOBLE,
DESPRECIA EL AMANTE Y AMA
SUS PROPIAS ADORACIONES.
DEL HUMO DEL SACRIFICIO
QUIERE LOS VANOS HONORES,
SIN MIRAR SI AL OFERENTE
HAY MÉRITOS QUE LE ADORNEN».

SOBRE EL AMOR

LECCIÓN 8

Una mujer que pasó gran parte de su vida comprometida a la castidad ¿qué podría saber sobre el enamoramiento y las relaciones de pareja? ¿Por qué Sor Juana escribió tanto sobre el amor? Y ¿por qué no habría de hacerlo? ¿Acaso los poetas y novelistas se limitan a escribir sobre lo que han experimentado de primera mano? La mayoría de las veces, no es así. Existen, por supuesto, la investigación y, aún más importante, la imaginación.

En el caso de esta religiosa excepcional, aunque permanecía recluida en el claustro, su curiosidad no conocía límites. Como intelectual, Sor Juana demostró un interés profundo por todos los aspectos de la experiencia humana, y el amor, en sus múltiples formas, fue uno de ellos. Así, exploró en su obra el amor divino, el amor platónico y también el amor romántico. En su época, este último era —¿y acaso no lo sigue siendo hasta hoy?— un tema central en la producción literaria y filosófica. Los poetas que la inspiraron, como Petrarca y Garcilaso de la Vega, dedicaron buena parte de sus textos a reflexionar sobre el amor en todas sus facetas, influencia que ella supo hacer suya en su propio particular estilo.

Escribir sobre amor romántico fue para ella una manera de explorar las emociones y las relaciones humanas, tratando de dilucidar qué comportamientos podían considerarse morales, cuáles no, y por qué. Si lo pensamos bien, esta pregunta no resulta tan extraña en alguien cuya visión religiosa, en este caso católica, estaba guiada por el interés en alcanzar la salvación, un objetivo que pasaba necesariamente por una vida de conducta moral. Así, el amor aparece en la obra de Sor Juana como una fuerza ambivalente y contradictoria, que puede tener tanto inflexiones positivas como negativas, y cuya naturaleza es necesario aprender a identificar y diferenciar. Aunque quizás hoy no compartamos su marco ideológico, algunas de sus reflexiones siguen vigentes y resuenan más de tres siglos después de que las escribiera.

Por ejemplo, plantea que hay quienes en vez de estar enamoradas de otra persona, están enamoradas del amor mismo o, mejor dicho, de la idea de ser amadas, queridas, admiradas... y sobre ello, no tiene una buena opinión:

«Quererle porque él me quiere,
no es justo que amor se nombre;
que no ama quien para amar
el ser amado supone».

Eso, en su percepción, no es realmente amor. ¿Cuáles son entonces para ella las causas legítimas de amor? Sor Juana identifica dos, que pueden parecer incluso contradictorias: aquellas que «las concilian los astros» y las que «las engendran perfecciones». Es decir, hay amores que están predestinados, como escritos en las estrellas, mientras que otros se basan en el aprecio o admiración hacia las cualidades del ser amado. Para ella, ambos son verdaderos e igual de válidos.

«EN LO DULCE DE TU CANTO,
EL JUSTO TEMOR TE AVISA
QUE EN UN AMANTE NO HAY RISA
QUE NO SE ALTERNE CON LLANTO.
NO TE DESVANEZCA TANTO
EL FAVOR: QUE TE HALLARÁS
BURLADO Y CONOCERÁS
CUÁNTO ES NECIO UN CONFÏADO;
QUE SI HOY BLASONAS DE AMADO,
PRESTO CELOS LLORARÁS».

En otros textos, sin embargo, Sor Juana profundiza en la existencia de distintas formas de amor, dependiendo de cómo este surge, y no los valora a todos por igual. Por ejemplo, distingue entre un amor «afectivo», que surge de un impulso, y un amor «racional», que nace de la elección. Este último merece mayor valoración, pues es un ejercicio de la libre voluntad y no como el primero, una imposición o algo inevitable:

«Si pende su libertad
de un influjo superior,
diremos que tiene amor,
pero no que voluntad;
pues si ajena potestad
le constriñe a obedecer,
no se debe agradecer,
aunque de su pena muera,
ni estimar el que la quiera
quien no la quiere querer».

Sor Juana parece defender que el amor no es simplemente un sentimiento ante el cual nos encontramos indefensos, que aparece y nos arrolla como un tren, sino que puede —y debería— tener su origen en una decisión consciente guiada por la voluntad.

El enamoramiento irracional, advierte, nos lleva a menudo a insistir en alguien que no nos ama, aunque suframos por ello, mientras ignoramos a quien nos quiere bien. Si tuviera que elegir entre los dos, aunque «de entrambos modos infeliz me veo», ella preferiría sin duda al segundo. Pero ¿por qué elegir? La religiosa escribe, inevitablemente desde la perspectiva de las mujeres en la Nueva España del siglo XVII, sobre quienes pesaba la expectativa social de tener que casarse, fuera con Dios o con un hombre. Hoy, que las mujeres pueden permanecer solteras sin tanto estigma, quizá la mejor opción sea, simplemente, no elegir a ninguno: ni al que queremos pero no nos quiere, ni al que nos quiere pero no queremos. Sin embargo ¿quién no se ha humillado de alguna manera ante alguien que no le correspondía románticamente? En ese aspecto, no somos tan diferentes de quienes vivieron hace cientos de años atrás.

Sor Juana también menciona que, en ocasiones, uno se arrepiente de haber rechazado a alguien que estaba interesado en nosotros, pero que, al no ser correspondido, decidió retirarse. Así, nos recuerda que nadie sabe lo que tiene (o pudo haber tenido) hasta que lo pierde:

«Porque carecer del bien
le da más merecimiento.
La salud aprecia el sano,
pero más, si estuvo enfermo;
y el que ve, estima la vista,
mas no como el que fue ciego».

Los sentimientos humanos son cambiantes, y sobre ese carácter le habla el yo poético a su amada: «Yo no dudo, Lisarda, que te quiero», pero «si piensas que el alma que te quiso / ha de estar siempre a tu afición ligada, / de tu satisfacción vana te aviso». El amor no es para siempre, menos si no es correspondido: el amante también se cansa y el amor se acaba. Incluso, puede transformarse en desprecio: «… si el amor al odio ha dado entrada, / el que bajó de sumo a ser remiso, / de lo remiso pasará a ser nada». Sor Juana parece coincidir con el compositor Julio Jaramillo en que «solo se odia lo querido»: «Desprecia siquiera, dado / que aun eso tendrán por gloria; / porque el desdén ya es memoria / y el desprecio ya es cuidado».

Sin embargo, ella también vertió en sus poemas algunas opiniones que, probablemente, hoy nos parezcan polémicas. Dedica un poema entero a argumentar que sin celos no hay amor verdadero o, como ella lo llama, «perfecto»: «Son ellos, de que hay amor, / el signo más manifiesto, / como la humedad del agua / y como el humo del fuego». Los celos, «hijos legítimos» del amor, «claros sucesores de su imperio», dice la monja, son «crédito y prueba» de que el amor existe, pues «Sólo los celos ignoran / fábricas de fingimientos: / que, como son locos, tienen / propiedad de verdaderos». Esto último, aunque hoy no consideremos a los celos como señal de amor verdadero, puede tener algo de cierto: es posible fingir amor, pero no los celos.

Antes de cancelar a Sor Juana por promover relaciones tóxicas, conviene considerar otras reflexiones suyas sobre los celos. En primer lugar, porque todos los hemos sentido —estemos enamorados o no—. Si los celos son una emoción común, tal vez lo más relevante es cómo los gestionamos. Ella advierte sobre su potencial destructivo, recordando que la ausencia, es decir, la pérdida del ser amado, suele ser un tormento mucho mayor que el malestar que provocan los celos. Nos sugiere, entonces, que debemos aprender a controlarlos y comunicarlos de manera tranquila, en lugar de dejarnos llevar por ellos hasta culpar a otros por su existencia.

«AL QUE INGRATO ME DEJA, BUSCO AMANTE;

AL QUE AMANTE ME SIGUE, DEJO INGRATA;

CONSTANTE ADORO A QUIEN MI AMOR MALTRATA;

MALTRATO A QUIEN MI AMOR BUSCA CONSTANTE.

AL QUE TRATO DE AMOR, HALLO DIAMANTE,

Y SOY DIAMANTE AL QUE DE AMOR ME TRATA;

TRIUNFANTE QUIERO VER AL QUE ME MATA,

Y MATO AL QUE ME QUIERE VER TRIUNFANTE».

«¿QUÉ ENTENDIMIENTO TENGO YO? ¿QUÉ ESTUDIO, QUÉ MATERIALES, NI QUÉ NOTICIAS PARA ESO, SINO CUATRO BACHILLERÍAS SUPERFICIALES? DEJEN ESO PARA QUIEN LO ENTIENDA, QUE YO NO QUIERO RUIDO CON EL SANTO OFICIO, QUE SOY IGNORANTE Y TIEMBLO DE DECIR ALGUNA PROPOSICIÓN MALSONANTE O TORCER LA GENUINA INTELIGENCIA DE ALGÚN LUGAR».

LAS TRETAS DEL DÉBIL

LECCIÓN 9

Cuando somos blanco de acusaciones, especialmente infundadas, solemos desarrollar distintas formas de defensa para proteger nuestra imagen, identidad y autoestima frente a un juicio que nos deja vulnerables, sobre todo si ocurre en público. A menudo recurrimos a la justificación de nuestras acciones, o a minimizar nuestros errores, para mostrar nuestra mejor versión. Estrategias como el humor o la ironía son también comunes, pues buscan desarmar a quien nos critica. Sin embargo, a veces optamos por el silencio, que puede ser una expresión de indiferencia —ya sea aparente o genuina— o una respuesta ante un desbalance de poder que nos deja sin voz. Tal fue el caso de Sor Juana, quien, por ser mujer y monja, debía obediencia. Aunque, en su caso, decidió no callar.

«Letras que engendran elación, no las quiere Dios en la mujer, pero no las reprueba el Apóstol cuando no sacan a la mujer del estado de obediente. Notorio es a todos que el estudio y saber han contenido a vuestra merced en el estado de súbdita y que la han servido de perfeccionar primores de obediente, pues si las demás religiosas por la obediencia sacrifican la voluntad, vuestra merced cautiva el entendimiento, que es el más arduo y agradable holocausto que puede ofrecerse en las aras de la religión», escribe Antonio Núñez de Miranda tras el seudónimo Sor Filotea en el prefacio a la *Carta Atenagórica*. Así el obispo le reclama, no sin ironía, la obediencia y humildad que entonces se esperaba de una monja, para él incompatible con lo que veía como una dedicación excesiva a las letras profanas: «No pretendo, según este dictamen, que vuestra merced mude el genio, renunciando a los libros, sino que le mejore, leyendo alguna vez el de Jesucristo». Puedes estudiar, le dice, pero no te olvides de que eres monja: lo tuyo es el estudio de la Biblia.

Ante estos «amables» consejos, Sor Juana no se quedó callada. Lo curioso es que para responder y defenderse, para justificar la desobediencia que se le achaca, se coloca en una posición que a simple vista podría parecer contradictoria: la de una mujer, precisamente, obediente y humilde. Esta es, sin duda, una estrategia, una forma muy inteligente de decir lo que quiere sin que parezca un atrevimiento o una afrenta directa.

En tiempos previos a las redes sociales, las réplicas no eran inmediatas, tardaban bastante más. En el caso de la *Respuesta a Sor Filotea*, se publicó justo al año siguiente. Lejos de ser un exabrupto, es más bien una respuesta temperada, y muy bien meditada, a las demandas y acusaciones del arzobispo de Puebla. Si nos fijamos bien, esta forma solapada e indirecta de decir las cosas también está presente en la carta de Fernández de Santa Cruz. Se juega con lo que se dice y con lo que no; se dice a medias, se sugiere, se enmascara. De hecho, el mismo obispo está hablando desde detrás de una máscara, el seudónimo Sor Filotea. En los textos de ambos abunda la falsa modestia, que no es invención ni innovación de

«UNA IGNORANTE MUJER,
CUYO ESTUDIO NO HA PASADO
DE RATOS, A LA PRECISA
OCUPACIÓN MAL HURTADOS».

ninguno de los dos: es más un tópico de la época, una herramienta discursiva usual.

Para colocarse en esa posición de subordinación y obediencia, una estrategia importante a la que recurre Sor Juana es el desmerecimiento de sus propias habilidades. Mientras que en buena parte de la carta resalta su precocidad y sus extraordinarias habilidades intelectuales, Sor Juana se dedica simultáneamente a disminuirlas: «... el no haber escrito mucho de asuntos sagrados no ha sido desafición, ni de aplicación la falta, sino sobra de temor y reverencia debida a aquellas sagradas letras, para cuya inteligencia yo me conozco tan incapaz y para cuyo manejo soy tan indigna». Así, a la par que responde a las acusaciones de soberbia, justifica su dedicación a las letras seculares: nunca fue atrevimiento, sino temor a lanzarse a temas que consideraba fuera del alcance de su «torpe pluma».

Además, a la par que simula así un sometimiento a la autoridad, reforzado por las fórmulas de respeto que usa para dirigirse a su supuesta interlocutora, se apoya para defender su posición en una autoridad mayor, sobrehumana: la máxima autoridad, la misma Iglesia: «... si ella, con su santísima autoridad, no me lo prohíbe, ¿por qué me lo han de prohibir otros?». Antes se ha disminuido a sí misma, pero ahora disminuye también a sus detractores ante la autoridad definitiva e incluso los coloca en posición de ser, ellos mismos, desobedientes. En pocas palabras, les recuerda su lugar. La mismísima Biblia está de su lado:

> A la par que responde a las acusaciones de soberbia, justifica su dedicación a las letras seculares: nunca fue atrevimiento, sino temor a lanzarse a temas que consideraba fuera del alcance de su «torpe pluma».

«¿QUÉ MÁS CASTIGO ME QUIERE V. R. QUE EL QUE ENTRE LOS MISMOS APLAUSOS QUE TANTO SE DUELEN, TENGO? ¿DE QUÉ ENVIDIA NO SOY BLANCO? ¿DE QUÉ MALA INTENCIÓN NO SOY OBJETO? ¿QUÉ ACCIÓN HAGO SIN TEMOR? ¿QUÉ PALABRA DIGO SIN RECELO?».

«Pues si vuelvo los ojos a la tan perseguida habilidad de hacer versos —que en mí es tan natural, que aun me violento para que esta carta no lo sean, y pudiera decir aquello de *Quidquid conabar dicere, versus erat*—, viéndola condenar a tantos tanto y acriminar, he buscado muy de propósito cuál sea el daño que puedan tener, y no le he hallado; antes sí los veo aplaudidos en las bocas de las sibilas; santificados en las plumas de los profetas...».

Si bien en esta carta se asoma con claridad —entre la deferencia a la autoridad y la falsa modestia—, la convicción de Sor Juana sobre la legitimidad de su dedicación al estudio y la escritura, existe otro documento, descubierto recientemente en 1980, que nos ofrece una mirada más cercana a su autodefensa y su relación con las autoridades eclesiásticas de la época. Bautizada por Aureliano Tapia Méndez, su descubridor, como la *Autodefensa espiritual*, esta fue escrita por Sor Juana Inés alrededor de 1681, casi diez años antes que la *Carta Atenagórica*, y prefigura algunos de los argumentos que se encuentran en la emblemática carta. Sin embargo, aunque el destinatario es el mismo y la disputa también, existe una gran diferencia entre ambas cartas: esta no fue pensada como un documento público, era de carácter privado. Era una comunicación directa entre ella, una monja, y Antonio Núñez de Miranda, su confesor: no existe, aquí, ninguna Sor Filotea.

En este documento, llamado más comúnmente *Carta de Monterrey*, Sor Juana defiende también su derecho a dedicarse al estudio y a la escritura, pero mientras que en la *Atenagórica* abre su argumentación con el servil tópico de la falsa modestia, esta inicia con un abierto reclamo: «... me han informado de que soy la única represible en las conversaciones de V. R. fiscalizando mis acciones con tan agria ponderación como llegarlas a escándalo público, y otros epí-

«Y, A LA VERDAD, YO NUNCA HE ESCRITO SINO VIOLENTADA Y FORZADA Y SÓLO POR DAR GUSTO A OTROS; NO SÓLO SIN COMPLACENCIA, SINO CON POSITIVA REPUGNANCIA, PORQUE NUNCA HE JUZGADO DE MÍ QUE TENGA EL CAUDAL DE LETRAS E INGENIO QUE PIDE LA OBLIGACIÓN DE QUIEN ESCRIBE».

tetos no menos horrorosos...». Sor Juana claramente estaba molesta, por no decir harta, y escribió con actitud desafiante. Ese tono de indignación contenida invade toda la carta: «rebosan ya en el pecho las quejas que en espacio de los años pudiera haber dado y que pues tomo la pluma para darlas redarguyendo a quien tanto venero, es porque ya no puedo más».

Ella, entre reclamos, se ríe amargamente. En tono socarrón, usa todo tipo de adjetivos exagerados para ridiculizar la mirada crítica y los reproches de sus detractores: «negros versos», «irremisible culpa mía». No muestra arrepentimiento ni humildad, no se martiriza, sino que más bien exige comprensión y empatía a su confesor. Respecto de su dedicación a escribir para la corte, le pide que se ponga en su lugar: «¿qué respondiera en este lance? ¿Respondería que no podía? Era mentira. ¿Que no quería? Era inobediencia. ¿Que no sabía? Ellos no pedían más que hasta donde supiese. ¿Que estaba mal votado? Era sobredescarado atrevimiento, villano y grosero desagradecimiento a quien me honraba con el concepto de pensar que sabía hacer una mujer ignorante, lo que tan lucidos ingenios solicitaban: luego no pudo hacer otra cosa que obedecer».

Todos los argumentos que en la *Carta Atenagórica* aparecen suavizados, estaban ya dando vueltas en su cabeza más de diez años antes. Está su percepción del uso del tiempo libre en el convento y su relación con sus hermanas religiosas: «¿Por qué ha de ser malo que el rato que yo había de estar en una reja hablando disparates o en una celda murmurando cuanto pasa fuera y dentro de casa, o pelear con otra, o riñendo a la triste sirviente, o vagando por todo el mundo con el pensamiento, lo gastara en estudiar?». Está el discurso sobre su sed de conocimiento como designio divino, aquí mucho más radical y desafiante: «Y más cuando Dios me inclinó a eso y no me pareció que era contra su ley santísima, ni contra la obligación de mi estado, yo tengo este genio, si es malo, yo me hice, nací con él y con él he de morir». En esta carta, Sor Juana no reniega ni se lamenta de su habilidad para las letras: la reconoce y se aferra a esta. Si fuera un meme, sería: «por las letras vivo y por las letras moriré».

No solo no acepta los reclamos de Núñez de Miranda, lo desacredita. En pocas palabras, le dice que no se meta, que a él nada de lo que ella haga le compete: «¿En qué se funda pues este enojo? ¿En qué este desacreditarme? ¿En qué este ponerme en concepto de escandalosa con todos? ¿Canso yo a V. R. con algo? ¿Héle pedido alguna cosa para el socorro de mis necesidades? ¿O le he molestado con otra espiritual ni temporal? ¿Tócale a V. R. mi corrección por alguna razón de obligación, de parentesco, crianza, prelacía, o tal qué cosa?». El reproche es claro.

A lo largo de la carta insiste más de una vez con que al menos la deje en paz: «si no gusta de favorecerme, no se acuerde de mí». Que mire para otro lado, que no moleste. Con esa actitud no logrará nada, le advierte, pues ella permanecerá firme en sus decisiones. Si opta por dejar de estudiar y escribir, será por elección propia, por ejercicio de su libre albedrío: «... que el privarme yo de todo aquello que me puede dar gusto, aunque sea muy lícito, es bueno que yo lo haga por mortificarme, cuando yo quiera hacer penitencia; pero no para que V. R. lo quiera conseguir a fuerza de represiones». Le increpa, por sobre todo, el haber hecho públicos esos reproches: «... y éstas no a mí en secreto como ordena la paternal corrección (ya que V. R. ha dado en ser mi padre, cosa en que me tengo ser muy dichosa) sino públicamente con todos, donde cada uno siente como entiende y habla como siente».

La existencia de esta carta es la prueba de que la disputa que se despliega públicamente en la *Carta Atenagórica*, la *Carta de Sor Filotea* y la *Respuesta* tenía ya muchos años sobre la mesa. Nos muestra una Sor Juana muy segura de sí misma, osada, confrontacional. Y aunque el tono de esta carta parezca incongruente con el tópico de la falsa modestia, debemos recordar que son solo dos caras de una misma moneda, facetas distintas de un mismo discurso: la religiosa, tan hábil como era para usar el lenguaje, sabía muy bien cómo hablar según las circunstancias del discurso. La relación con el confesor se parecía mucho a la que se sostiene con un psicólogo o un terapeuta, en términos de respeto de la privacidad. Por eso, no era lo mismo enviarle una carta privada a Núñez de Miranda, su confesor —a quien le reclamaba el hacer público un asunto personal—, que escribir una respuesta pública a Sor Filotea, esa supuesta monja que con cariño y amabilidad le aconsejaba, «en privado», reconsiderar su dedicación a estudiar. Sor Juana no calla, defiende y argumenta con notable dominio y estrategia mantener su poder de decisión.

«... EL EXASPERARME NO ES BUEN MODO DE REDUCIRME, NI YO TENGO TAN SERVIL NATURALEZA QUE HAGA POR AMENAZAS LO QUE NO ME PERSUADE LA RAZÓN, NI POR RESPETOS HUMANOS LO QUE NO HAGA POR DIOS...».

«¿LAS LETRAS ESTORBAN, SINO QUE ANTES AYUDAN A LA SALVACIÓN? ¿NO SE SALVÓ SAN AGUSTÍN, SAN AMBROSIO Y TODOS LOS DEMÁS SANTOS DOCTORES? [...] Y SI ME RESPONDE QUE EN LOS HOMBRES MILITA OTRA RAZÓN, DIGO: ¿NO ESTUDIÓ SANTA CATALINA, SANTA GERTRUDIS, MI MADRE SANTA PAULA SIN ESTORBARLE A SU ALTA CONTEMPLACIÓN, NI A LA FATIGA DE SUS FUNDACIONES EL SABER HASTA EL GRIEGO?».

BAJO EL FEMINISTÓMETRO

LECCIÓN 10

¿Cómo una monja católica, que vivió la mayor parte de su vida en un claustro, llegó a convertirse en un ícono para el movimiento feminista? Aunque para inicios del siglo xx Sor Juana Inés de la Cruz era ya una poeta muy reconocida y una figura consagrada de la cultura letrada mexicana, fue la crítica literaria estadounidense Dorothy Schons quien abordó por primera vez la vida y obra de la monja desde una mirada feminista. Puso énfasis en su fortaleza, su inconformidad y su actitud desafiante contra las limitaciones que algunas autoridades eclesiásticas pretendían imponerle por ser mujer y religiosa. Schons la bautizó, en su famoso ensayo de 1925, como «la primera feminista del Nuevo Mundo».

Fue así que en plena primera ola del feminismo, un momento histórico en el que iban y venían intensos debates en torno a cuál debía ser el lugar de las mujeres en la sociedad, volvió a emerger la figura de Sor Juana, esta vez como una de las precursoras de un movimiento moderno. Anacrónico o no, el título pegó: se ha repetido incontables veces, y desde entonces la monja jerónima se ha convertido en un importante punto de referencia para diversas corrientes feministas, especialmente en el mundo de habla hispana. Basta una veloz *googleada* para ver que ha inspirado muchísimas investigaciones, debates y obras de orientación feminista, tanto en el ámbito de las artes como en la academia.

Para conocer el feminismo como concepto, Sor Juana tendría que haber viajado en el tiempo: fue justo doscientos años después de su tiempo, en el siglo XIX, que este encajó bajo ese nombre como la noción teórica detrás de un movimiento social y político que luchaba por la equidad entre hombres y mujeres. Sin embargo, es innegable que tanto en su vida como en su escritura fue una constante la defensa de la capacidad igualitaria intelectual de los sexos, y el derecho de las mujeres a la educación, una lucha que, lamentablemente, muchas mujeres alrededor del mundo libran hasta el día de hoy. Su temprana contribución a esta lucha, en contra de los paradigmas sexistas y las restricciones sociales de su tiempo, la retrata como una intelectual autónoma y una mujer inconforme, cualidades que resuenan en muchas de las reivindicaciones que siguen siendo centrales a los feminismos de hoy. El mismo Octavio Paz, en *Sor Juana Inés de la Cruz o Las trampas de la fe* (1982), la obra escrita más conocida sobre la monja jerónima, la considera también una precursora del feminismo moderno.

En la Nueva España del siglo XVII no era raro que las monjas fueran mujeres educadas, que supieran leer y escribir: la dedicación al estudio de la Biblia, y otros textos teológicos y místicos, era uno de sus deberes como religiosas. Especialmente en la tradición de San Jerónimo, la orden a la que pertenecía Sor Juana, no solo se permitía, sino que se promovía la educación de las mujeres, siempre que tuviera lugar en el marco de una vida piadosa. ¿Qué significaba eso? En resumen, que sus estudios no debían interferir, sino contribuir, a su

«SI EL CRIMEN ESTÁ EN LA CARTA ATENAGÓRICA, ¿FUE AQUÉLLA MÁS QUE REFERIR SENCILLAMENTE MI SENTIR CON TODAS LAS VENIAS QUE DEBO A NUESTRA SANTA MADRE IGLESIA? PUES SI ELLA, CON SU SANTÍSIMA AUTORIDAD, NO ME LO PROHÍBE, ¿POR QUÉ ME LO HAN DE PROHIBIR OTROS?».

dedicación total a Dios, lo que implicaba la observación de los votos de pobreza, castidad y obediencia. Era en la interpretación de esos límites donde estaba la disputa que atravesó en su vida, al menos desde 1682, cuando escribió la *Carta de Monterrey*, hasta el final de su vida.

La base del argumento de la monja jerónima era que el hecho de que las mujeres tuvieran entendimiento era designio divino:

«De una Mujer se convencen
todos los Sabios de Egipto,
para prueba de que el sexo
no es esencia en lo entendido.
¡Víctor, víctor!
[...]
Estudia, arguye y enseña,
y es de la Iglesia servicio,
que no la quiere ignorante
El que racional la hizo».

Negarles el acceso a educación era, por lo tanto, un error, consecuencia de una mala interpretación de la voluntad divina. En ese sentido, queda claro que Sor Juana no se peleaba con la doctrina católica, pues esta no negaba la capacidad intelectual de las mujeres ni les prohibía el ejercicio de las letras. Es más, en eso estaba de acuerdo Manuel Fernández de Santa Cruz, alias Sor Filotea: «No apruebo la vulgaridad de los que reprueban en las mujeres el uso de las letras, pues tantas se aplicaron a este estudio, no sin alabanza de San Jerónimo».

Eso no quiere decir, sin embargo, que se pensara que hombres y mujeres tenían la misma capacidad intelectual: en la época era común la

«¿NO ES DIOS COMO SUMA BONDAD, SUMA SABIDURÍA? PUES, ¿POR QUÉ LE HA DE SER MÁS ACEPTA LA IGNORANCIA QUE LA CIENCIA? SÁLVESE SAN ANTONIO CON SU IGNORANCIA SANTA, NORABUENA, QUE SAN AGUSTÍN VA POR OTRO CAMINO, Y NINGUNO VA ERRADO».

idea de que las mujeres no eran tan buenas para «pensar». Incluso para las mujeres más privilegiadas de la época, las españolas y las criollas nobles, estaba vetado el ingreso a la universidad y los colegios de enseñanza superior. Aunque a menudo aprendían a leer y escribir, acompañadas de tutoras, estas mujeres recibían solo la educación suficiente para formar parte de la corte o del convento, donde su destino era servir a un marido o servir a Dios. Se consideraba que tenían poca capacidad para la argumentación lógica y eran incapaces de alcanzar los niveles de abstracción necesarios para el ejercicio filosófico, que se reservaba a los hombres. No en vano uno de los teólogos que la elogiaron por sus obras, asombrado de su habilidad, la describe como «un hombre con toda la barba».

Sor Juana sostiene, en cambio, que la diferencia entre el desempeño intelectual de hombres y mujeres está en el acceso diferenciado a la educación. Para solucionar el problema de la falta de instrucción de las mujeres sin generarles perjuicios, pues reconoce la cercanía con maestros hombres como un «notorio peligro», señala la necesidad de formar maestras: «¡Oh cuántos daños se excusaran en nuestra república si las ancianas fueran doctas como Leta, y que supieran enseñar como manda San Pablo y mi Padre San Jerónimo!». El argumento se completa: solo permitiendo a las mujeres educarse se podrían crear espacios de educación seguros, donde no estén expuestas a esos hombres necios que primero las provocan y luego las acusan. Aunque esta solución de una educación segregada por géne-

> **Sor Juana, con los dos pies firmes, plantados en su vasto conocimiento de la doctrina y la historia de la Iglesia católica, rebate así a quienes pretenden increparle, por ser mujer, el pecado de la vanidad.**

ro pueda parecer hoy conservadora, la propuesta es atrevida para su época: sugiere que el desbalance entre la producción de hombres y mujeres depende no de sus capacidades, sino de cómo está organizada la sociedad, y que eso se puede —¡y debe!— cambiar. Esta idea es, hasta hoy, fundamental para los feminismos modernos.

==Sor Juana, que para bien o para mal, fue reconocida en su tiempo como una mujer de excepcional habilidad intelectual, defendió siempre su dedicación a las letras en el marco de la obediencia y la disciplina que le correspondía a una religiosa.== En las cartas que hoy conocemos se inscribe a sí misma en una larga genealogía de mujeres piadosas, que fueron a la vez muy cultas y muy santas: si ellas habían podido, ¿por qué ella no? Una figura recurrente, que aparece también en algunos villancicos, es Catalina de Siena, una mística y teóloga italiana del siglo XIV:

«Ésta (qué sé yo cómo pudo ser)
dizque supo mucho,
aunque era mujer.
Porque, como dizque
dice no sé quién,
ellas sólo saben
hilar y coser…
[…]
Pues ésta a hombres grandes
pudo convencer;
que a un chico cualquiera
lo sabe envolver.
[…]
Y aun una Santita

dizque era también,
sin que le estorbase
para ello el saber».

Beata o no, Sor Juana no fue una monja convencional. Sin dejar de cumplir con sus deberes conventuales, dedicó todo su tiempo libre a la escritura, lectura y estudio de diversas disciplinas, y de esa incesante actividad intelectual resultaron incontables obras, seculares y religiosas. Muchas de esas obras se publicaron mientras ella aún estaba viva: como dijimos antes, era normal que las monjas leyeran, estudiaran y escribieran, pero que sus trabajos fueran tan públicos fue una transgresión que inquietó a algunos de sus superiores. Es por eso que el obispo Fernández de Santa Cruz, en la *Carta de Sor Filotea*, inmediatamente después de que afirma que el estudio es una actividad aceptable para las monjas, señala que existe también en esa labor un claro riesgo: que la dedicación a las letras profanas, especialmente en un contexto público, puede llevar a las hermanas a cometer el grave pecado de la elación, que es como se llamaba a la arrogancia. Así, rápidamente, pone límites: el de la discreción, la humildad y la renuncia al mundo exterior. Sin duda Dorothy Schons, que tres siglos después vio su carrera académica frustrada por sus colegas varones, que le negaron el acceso a una plaza titular en la Universidad de Texas, se sintió identificada con la lucha de la religiosa contra esas limitaciones.

Contra esa acusación solapada, Sor Juana defiende el derecho de la mujer cultivada a intervenir en la esfera pública, sin que por ello se le tenga que acusar de soberbia. De hecho, varias de las mujeres que forman parte de su genealogía de doctas santas ejercieron roles públicos. Por ejemplo, Débora, que igual que Santa Catarina aparece tanto en la *Respuesta de la poetisa a la muy ilustre Sor Filotea de la Cruz* como en un villancico, no solo fue profetisa sino también gobernante: «… Veo una Débora dando leyes, así en lo militar como en lo político, y gobernando el pueblo donde había tantos varones doctos». Sor Juana, con los dos pies firmes, plantados en su vasto conocimiento de la doctrina y la historia de la Iglesia católica, rebate así a quienes pretenden increparle, por ser mujer, el pecado de la vanidad. Si bien, como argumenta Soriano (2010), no existen documentos que prueben que la religiosa jerónima fue perseguida por la Iglesia, es claro que esta resistió a considerables presiones de importantes autoridades eclesiásticas: entre la *Carta de Monterrey* (1682) y la *Respuesta a Sor Filotea* (1691), donde se defiende de las mismas acusaciones, hay casi diez años. Al menos diez años, entonces, de defender su participación como mujer en la esfera pública: ¿no es eso lo suficientemente feminista?

Puede ser que nos parezca válido el argumento de que no tiene sentido identificar a Sor Juana con un pensamiento moderno, que toma forma recientemente, en el siglo xix y del que jamás tuvo noticia. O tal vez pensamos que los límites de su crítica, que tienen que ver con su fe católica y el estrato social al que perteneció, le restan radicalidad: no es lo suficientemente feminista. Pero ¿de qué sirve colocar a Sor Juana bajo el feministómetro, debatir sobre si fue o no fue feminista? ¿O protofeminista? ¿Qué diferencia hace?

Lo cierto es que, se le llame como se le llame, Juana Inés de la Cruz fue una mujer excepcional, que consciente y estratégicamente luchó desde su posición contra la subordinación femenina a la que estaba sujeta. Hoy, que a veces las etiquetas parecen más importantes en la vida política que las acciones, la inconsecuencia de este debate tal vez nos sirva para recordar la importancia de ver más allá de los rótulos y los discursos que abundan en las redes sociales, y enfocarnos en la práctica y las acciones: nos guste o no, hoy las mujeres en su diversidad llevan siglos luchando por sus derechos, algunos de ellos los mismos que, en su momento, reclamó Sor Juana.

«PUES ¿POR QUÉ EN MÍ ES MALO LO QUE EN TODAS FUE BUENO? ¿SÓLO A MÍ ME ESTORBAN LOS LIBROS PARA SALVARME?».

«¿CÓMO ENTENDERÁ EL ESTILO DE LA REINA DE LAS CIENCIAS QUIEN AÚN NO SABE EL DE LAS ANCILAS? ¿CÓMO SIN LÓGICA SABRÍA YO LOS MÉTODOS GENERALES Y PARTICULARES CON QUE ESTÁ ESCRITA LA SAGRADA ESCRITURA? ¿CÓMO SIN RETÓRICA ENTENDERÍA SUS FIGURAS, TROPOS Y LOCUCIONES?».

ESCALERA AL CIELO

LECCIÓN 11

Existe poco registro de las críticas a las que Sor Juana Inés de la Cruz se enfrentó en su tiempo, aunque las comparó con el odio de los fariseos hacia Cristo. Se hizo tan conocida mientras vivió, que no es difícil imaginar que debió tener, como cualquier famoso, tantos odiadores como seguidores. Al hablar de sus censores, los diferencia claramente: para ella —según dice—, los más molestos no han sido quienes «con declarado odio y malevolencia me han perseguido, sino los que amándome y deseando mi bien (y por ventura, mereciendo mucho con Dios por la buena intención), me han mortificado y atormentado más que los otros». Sus más duros críticos fueron, por así decirlo, sus fans. Eran ellos los que, como el obispo Fernández de Santa Cruz en sus cartas, intentaban «corregirla» al redirigirla hacia el estudio de textos religiosos: «No pretendo, según este dictamen, que vuestra merced mude el genio, renunciando a los libros, sino que le mejore, leyendo alguna vez el de Jesucristo […] Mucho tiempo ha gastado vuestra merced en el estudio de filósofos y poetas». Seguramente muchos otros, con más o menos sutileza y amabilidad, intentaron ponerla en el lugar que, como mujer y monja, le correspondía según las expectativas de la sociedad de la Nueva España del siglo XVII: si no la santa ignorancia, al menos la «ciencia del Crucificado».

Pero ella, como era de esperarse, no se quedaba callada y se defendía de esas acusaciones de promiscuidad intelectual. En las cartas que hasta nosotros han llegado, su principal argumento para escudarse fue que absolutamente todo su estudio, todos sus aprendizajes, no eran sino pasos en dirección a «la cumbre de la Sagrada Teología». Las ciencias y las artes humanas, consideradas saberes mundanos, eran «escalones» que era necesario transitar, uno a uno, para llegar al punto más alto. Con esa metáfora, la monja construye una imagen que es a la vez jerárquica y complementaria, para desmantelar esa oposición fundamental y excluyente que está detrás de los reclamos de sus más «afectuosos» críticos: ella no se está desviando, tiene su meta clara.

La trayectoria intelectual de Sor Juana está marcada por una curiosidad irrefrenable: siempre interesada en todo, quiere saber de todo.

Sin embargo, cuando describe el camino que ha seguido su formación autodidacta, no parece haber un orden progresivo en el que quede claro ese subir un escalón detrás de otro, sino más bien un interés disperso, regido por el azar, desplegado en múltiples direcciones. La trayectoria intelectual de Sor Juana está marcada por una curiosidad irrefrenable: siempre interesada en todo, quiere saber de todo. Es importante recordar que, desde pequeña, su práctica intelectual estuvo determinada por el azar de los libros a los que tuvo acceso, como ella misma cuenta. No fue a la escuela ni a la universidad, no siguió nunca una currícula.

Según Francisco de la Maza, historiador mexicano que intentó reconstruir la biblioteca que la monja reunió en su celda conven-

«CON ESTO PROSEGUÍ, DIRIGIENDO SIEMPRE, COMO HE DICHO, LOS PASOS DE MI ESTUDIO A LA CUMBRE DE LA SAGRADA TEOLOGÍA; PARECIÉNDOME PRECISO, PARA LLEGAR A ELLA, SUBIR POR LOS ESCALONES DE LAS CIENCIAS Y ARTES HUMANAS...».

tual, hasta su abdicación de la letras, en ella se encontraban obras de carácter diverso: científico (por ejemplo, Hipócrates y Galeno), enciclopédico (Aristóteles y Quintiliano), jurídico, histórico, filosófico (Platón, Séneca y Cicerón), matemático y astronómico (Juan de Sacrobosco), arqueológico e incluso lingüístico. Es importante señalar que el ingreso de publicaciones a las colonias estaba regulado, y que buena parte de los textos que circulaban lo hacían de forma clandestina. Así, empezando por la biblioteca de su abuelo, Sor Juana empezó a forjar lo que hoy podríamos llamar una «cultura general» de la época: un conocimiento básico pero de amplio rango, de diversas disciplinas y temáticas vigentes. Sabemos, además, que se interesó en el estudio de la música —existe un

> **La monja argumenta que los saberes son complementarios y no excluyentes; que nuestro intelecto puede alimentarse incluso de los lugares más inesperados o en apariencia incompatibles.**

tratado perdido sobre este tema, titulado *El Caracol*— y que tenía en su celda muchos instrumentos astronómicos y matemáticos, así que es muy probable que no solo se haya dedicado a la lectura, sino también a la observación y la experimentación.

Aunque señala que la arbitrariedad de sus estudios no fue elección, sino casualidad, en vez de enfatizar las posibles desventajas del carácter fragmentado de su aprendizaje, Sor Juana resalta su beneficio al destacar su complementariedad. Los distintos saberes, según ella, «no sólo no estorban», sino que «se ayudan dando luz y abriendo camino las unas para las otras», y que eso es posible precisamente porque todo es parte de una misma creación divina: «Todas las cosas salen de Dios, que es el centro a un tiempo y la circunferencia de donde salen y donde paran todas las líneas criadas». Si dejamos el asunto de la divinidad de lado, nos encontramos con una idea que todavía es aplicable a la actualidad: aunque el término *interdisciplinariedad* recién surgió durante las primeras décadas del siglo XX, podemos leer el argumento de Sor Juana como un alegato en favor del aprendizaje y labor interdisciplinarios, una valoración positiva del cruce de los límites tradicionales entre disciplinas académicas o escuelas de pensamiento. Hoy, que el desarrollo científico-técnico ha resultado en una especialización y una división cada vez mayor de las ramas científicas, es importante recordar el valor del esfuerzo humano por obtener un conocimiento integral de sí mismo y del mundo que lo rodea, a pesar de que para ello divida mediante su propia práctica la realidad, inherentemente multidimensional y compleja, en porciones más manejables. ¿Cómo sería posible, desde el lente de una única disciplina, entenderlo todo?

No es casual que *Primero Sueño*, un poema excepcional, único en su abordaje el tema del conocimiento humano no solo en el Barroco, sino en la tradición española, sea la única composición que la religiosa reconoce explícitamente como producto de su propia voluntad: «Demás, que yo nunca he escrito cosa alguna por mi voluntad, sino por ruegos y preceptos ajenos; de tal manera, que no me acuerdo haber escrito por mi gusto sino es un papelillo que llaman El Sueño». Allí, la voz poética aborda las posibilidades y los límites de las distintas formas de obtener conocimiento, y manifiesta sobre todo el deseo —y la imposibilidad— de entender la naturaleza del cosmos, de conocerlo todo, absolutamente todo. En el poema, el alma, que durante el sueño deja atrás las limitaciones del cuerpo, emprende dos veces su misión y en ambas fracasa.

La conciencia de esta imposibilidad, sin embargo, no detuvo la inquietud de Sor Juana. En la defensa estratégica de su miscelánea intelectual, producto de las limitaciones sociales y materiales a las que se enfrentaron sus deseos de aprendizaje, nos recuerda que, si bien profundizar o especializarse en una disciplina o un tema es útil e importante, también existe valor en un abordaje que reúne, más que opone, distintas perspectivas: «Si he leído los profetas y oradores profanos (descuido en que incurrió el mismo Santo) también leo los Doctores Sagrados y Santas Escrituras, de más que a los primeros no puedo negar que les debo innumerables bienes y reglas de bien vivir». La monja argumenta que los saberes son complementarios y no excluyentes; que nuestro intelecto puede alimentarse incluso de los lugares más inesperados o en apariencia incompatibles: «Porque ¿qué cristiano no se corre de ser iracundo a vista de la paciencia de un Sócrates gentil? ¿Quién podrá ser ambicioso a vista de la modestia de Diógenes cínico? ¿Quién no alaba a Dios en la inteligencia de Aristóteles?». En su justificación, todas las disciplinas son partes de un todo; todas fluyen, en última instancia, hacia un mismo mar.

«YO DE MÍ PUEDO ASEGURAR QUE LO QUE NO ENTIENDO EN UN AUTOR DE UNA FACULTAD, LO SUELO ENTENDER EN OTRO, DE OTRA QUE PARECE MUY DISTANTE [...] LA ORACIÓN DEL LÓGICO ANDA COMO LA LÍNEA RECTA, POR EL CAMINO MÁS BREVE, Y LA DEL RETÓRICO SE MUEVE, COMO LA CORVA, POR EL MÁS LARGO, PERO VAN A UN MISMO PUNTO LOS DOS; Y CUANDO DICEN QUE LOS EXPOSITORES SON COMO LA MANO ABIERTA Y LOS ESCOLÁSTICOS COMO EL PUÑO CERRADO».

«¿SOY POR VENTURA HEREJE? Y SI LO FUERA ¿HABÍA DE SER SANTA A PURA FUERZA? OJALÁ Y LA SANTIDAD FUERA COSA QUE SE PUDIERA MANDAR, QUE CON ESO LA TUVIERA YO SEGURA; PERO YO JUZGO QUE SE PERSUADE, NO SE MANDA...».

LIBERTAD SIN PERMISO

LECCIÓN 12

En la *Carta de Monterrey* (1682), ese furibundo reclamo a quien hasta entonces había sido su confesor, Antonio Núñez de Miranda, Sor Juana defiende con vehemencia un derecho que hoy consideraríamos fundamental para cualquier ser humano: la facultad de decidir de forma autónoma cómo actuar y cómo vivir; en resumen, de ser libres de ejercer nuestra libertad. Sin embargo, el significado de libertad varía según el contexto histórico, geográfico e incluso generacional. Tanto para una mujer católica del siglo XVII como para cualquier persona del presente, su idea particular de libertad está inscrita en un marco más amplio de creencias sobre el lugar del ser humano en el mundo, donde ocupa un lugar central. Para algunos, el límite de la libertad es la biología —uno no elige su maquillaje genético—; para otros, son las normas sociales que moldean a cada individuo según la comunidad en la que crece. Hay quienes creen que la voluntad divina es la que determina el destino de cada ser humano, mientras que otros piensan que no existen (o no deberían existir) límites a la libertad, lo cual puede implicar tanto mayores responsabilidades como una total exención de ellas. Probablemente por eso la pregunta sobre hasta qué punto los seres humanos podemos ser libres ha sido un tema de constante reflexión y debate a lo largo de la historia.

De hecho, el entorno cultural y religioso en el que vivió Sor Juana estaba profundamente influido por el debate sobre el libre albedrío, que ocupó un lugar importante en el Concilio de Trento, un consejo de la Iglesia católica que se celebró a mediados del siglo XVI como respuesta a la Reforma. El concilio fue mucho más que una simple reunión: durante casi veinte años, entre 1545 y 1563, clérigos y teólogos católicos debatieron intensamente sobre cuestiones doctrinales y la necesidad de reformar algunas prácticas de la Iglesia, en respuesta a las duras críticas de los reformistas protestantes. Entre los muchos resultados de estas discusiones, se destacó la afirmación de la importancia de la doctrina del libre albedrío en el camino hacia la salvación. Mientras que Martín Lutero y Calvino, líderes de la ruptura protestante, habían insistido en la predestinación y en que la fe era suficiente para alcanzar la salvación, la Iglesia católica reafirmó más bien la importancia de la agencia humana: no era suficiente tener fe, sino que era crucial también ejercer la libre decisión de actuar correctamente, en cooperación con la gracia divina.

Dios y la salvación aparte, hoy la mayoría de personas coincidiría en que —aunque dentro de un marco limitado de opciones— los seres humanos tenemos la capacidad de elegir cómo actuar y que nuestro destino es, en parte, consecuencia de esas decisiones. Es decir, creemos en el libre albedrío. Salvando las distancias, es eso precisamente lo que defiende Sor Juana en la *Carta de Monterrey* al romper con su confesor: considera que este ha cruzado los lími-

> ... el significado de libertad varía según el contexto histórico, geográfico e incluso generacional.

«SI AQUEL QUE DICE
QUE IDOLATRA UNA BELDAD
CON SU LIBRE VOLUNTAD,
A SU PASIÓN CONTRADICE,
Y LLAMÁNDOSE INFELICE
CULPA SU ESTRELLA DE AVARA,
SINTIENDO QUE LE INCLINARA,
PUES SI EN SU MANO ESTUVIERA,
NO SÓLO NO LA QUISIERA
MAS, QUIZÁ, LA DESPRECIARA;
SI PENDE SU LIBERTAD
DE UN INFLUJO SUPERIOR,
DIREMOS QUE TIENE AMOR,
PERO NO QUE VOLUNTAD...».

tes de su autoridad, atentando contra su libertad. El confesor debía ser un guía, un consejero espiritual, pero Núñez de Miranda, según señala la misma carta, adoptó un rol mucho más invasivo. Más que aconsejar, pretendía dar órdenes, imponer: «Pues ¿por qué es esta pesadumbre de V. R. y el decir "que a saber que yo había de hacer versos no me hubiera entrado religiosa, sino casádome?" Pues, Padre amantísimo (a quien forzada y con vergüenza insto lo que no quisiera tomar en boca), ¿cuál era el dominio directo que tenía V. R. para disponer de mi persona y del albedrío (sacando el que mi amor le daba y le dará siempre) que Dios me dio?». No te confundas, le dice Sor Juana: si yo me hice monja, fue porque ejercí el libre albedrío que me ha dado Dios, y tú no hubieras podido intervenir. Soy monja porque así lo decidí. Aunque sus elecciones estuvieron restringidas a las opciones socialmente aceptables que existían para una mujer como ella en la Nueva España del siglo XVII, Sor Juana eligió, y ella misma lo afirma con determinación.

Para ella, la razón humana es una «potencia libre», esencial para la dignidad y la responsabilidad moral del ser humano.

No hay que perder de vista que la libertad que ella reclama está enmarcada en la doctrina católica y en las prácticas de su tiempo. Tal como lo ha señalado Asunción Lavrin, la ruptura con el confesor era una práctica no solo aceptada, sino frecuente, y no un acto de desobediencia o rebeldía absoluta. Es Sor Juana quien le reclama a Núñez la transgresión de las normas que definían su papel como confesor, poniéndole límites a su intromisión. En pocas palabras, lo pone en su lugar: «el exasperarme no es buen modo de reducirme, ni yo tengo tan servil naturaleza que haga por amenazas lo que no me

«EL DISCURSO ES UN ACERO
QUE SIRVE POR AMBOS CABOS:
DE DAR MUERTE, POR LA PUNTA;
POR EL POMO, DE RESGUARDO.
SI VOS, SABIENDO EL PELIGRO,
QUERÉIS POR LA PUNTA USARLO,
¿QUÉ CULPA TIENE EL ACERO
DEL MAL USO DE LA MANO?
NO ES SABER, SABER HACER
DISCURSOS SUTILES VANOS;
QUE EL SABER CONSISTE SÓLO
EN ELEGIR LO MÁS SANO».

persuade la razón, ni por respetos humanos lo que no haga por Dios». El énfasis en la razón es clave; Sor Juana afirma que es ella misma la que tiene que evaluar y decidir cómo vivir su vida y a qué dedicar su tiempo libre. Aunque puede recibir consejos y críticas —que, además, su confesor debería expresarle solamente en privado—, la decisión final le pertenece, así como la responsabilidad de asumir las consecuencias de esas decisiones. Y no son meras opiniones suyas; según la misma doctrina católica, es un derecho otorgado por Dios: «... es menester acordarnos que Dios dio al hombre libre albedrío con que puede querer y no querer obrar bien o mal, sin que para esto pueda padecer violencia, porque es homenaje que Dios le hizo y carta de libertad auténtica que le otorgó».

> ... el saber no es intrínsecamente bueno o malo; lo que importa es el fin al que se destina, ya sea por un hombre o una mujer.

Este mismo principio es el que la monja defiende diez años después, en su famosa *Carta Atenagórica* (1690), que como sabemos, no generó controversia tanto por su contenido —alineado con la doctrina católica vigente—, sino por su participación en los debates intelectuales y teológicos: fue juzgado impropio de una monja por su carácter público. En esta carta, tras cuestionar la opinión de Vieira —un respetado jesuita portugués—, Sor Juana introduce un nuevo argumento que refuerza su posición: que la mayor fineza de Cristo no fue otra que suspender los beneficios y no hacer finezas. Es decir, el máximo gesto del amor de Cristo por los seres humanos fue dejarlos en libertad, independientes para usar su propio entendimiento y decidir de forma autónoma cómo actuar, sea para bien o para mal. Para ella, la razón humana es una «potencia libre», esencial para la dignidad y la responsabilidad moral del ser humano. En el libre albedrío se encuentran la fe y la razón, la vida intelectual y la espiritual, integrándose en un mismo ejercicio de libertad que ella defendió con determinación.

La expresión de esta doctrina en la vida de Sor Juana no se limita a la decisión de tomar el velo; su persistencia en dedicarse al estudio de las letras durante al menos una década, a pesar de las críticas y advertencias, fue una decisión consciente, sopesada. Desde su convicción de que esa dedicación no entraba en conflicto con su salvación, aunque también se notaba lista para asumir las posibles consecuencias de un error, no dejó de leer y escribir, y en esa escritura defendió más de una vez, precisamente, la legitimidad de esa decisión. De hecho, en algunos de sus textos despliega un argumento en defensa de la educación de las mujeres, señalando que el saber no es intrínsecamente bueno o malo; lo que importa es el fin al que se destina, ya sea por un hombre o una mujer: «Porque el mal uso no es culpa del arte, sino del mal profesor que los vicia, haciendo de ellos lazos del demonio; y esto en todas las facultades y ciencias sucede. Pues si está el mal en que los use una mujer, ya se ve cuántas los han usado loablemente; pues ¿en qué está el serlo yo?».

Podemos pensar también en el marco del libre albedrío la polémica en torno a los últimos años de su vida: aunque para muchos su renuncia a las letras fue el resultado inequívoco de una incesante persecución, un acto fundado en el temor a sus poderosos detractores e incluso a la Inquisición, otras lecturas son posibles. Si pensamos a Sor Juana como una monja consecuente con su vocación, que tuvo desacuerdos y tensiones con algunas autoridades eclesiásticas, pero no renegó de la Iglesia ni de la fe católica, tal vez podamos coincidir con Soriano en que nadie la obligó a entregar sus libros e instrumentos científicos, sino que ella los entregó voluntariamente, como un acto de sacrificio y caridad, en un momento de crisis social. También es posible, en línea con el argumento de Octavio Paz, que en algún momento la monja haya cambiado de opinión, y haya decidido, libremente, que abandonar su dedicación a las letras era, así como tomar el velo, lo más apropiado para asegurar lo más importante en la vida de un católico: su salvación.

«NO HAY COSA MÁS LIBRE QUE
EL ENTENDIMIENTO HUMANO;
PUES LO QUE DIOS NO VIOLENTA,
¿POR QUÉ YO HE DE VIOLENTARLO?».

«SALGA EL DOLOR A LAS VOCES
SI QUIERE MOSTRAR LO GRANDE,
Y ACREDITE LO INSUFRIBLE
CON NO PODER OCULTARSE.
SALGAN SIGNOS A LA BOCA
DE LO QUE EL CORAZÓN ARDE,
QUE NADIE CREERÁ EL INCENDIO
SI EL HUMO NO DA SEÑALES.
NO A IMPEDIR EL GRITO SEA
EL MIRAMIENTO BASTANTE;
QUE NO ES MUY VALIENTE EL PRESO
QUE NO QUEBRANTA LA CÁRCEL».

VOLAR ALTO

LECCIÓN 13

¿Quién no ha escuchado alguna vez la historia de Ícaro? Es quizás uno de los mitos griegos más conocidos; la historia de un joven que murió por volar demasiado alto, demasiado cerca del sol. A pesar de que su padre, Dédalo, le advirtió que las alas de plumas y cera que le había construido no resistirían el calor de los rayos solares, Ícaro no hizo caso. Entregado a la maravillosa sensación de volar, siguió ascendiendo, acercándose cada vez más... hasta que las alas comenzaron a desbaratarse y cayó al mar, donde se ahogó. Esta figura, que seguramente todos conocemos —se menciona incluso en una de las canciones más icónicas de Soda Stereo—, aparece una y otra vez en los escritos de Sor Juana, de forma explícita o implícita.

Aunque en la época era usual incorporar en los textos referentes provenientes de la Antigüedad grecorromana, la presencia recurrente de Ícaro nos revela un tema que marcó la vida y la vocación de la monja jerónima: la advertencia de que su particular dedicación al estudio y la escritura implicaba el grave pecado de la soberbia, de la elación. En otras palabras, nos remite a esa advertencia que sabemos le hicieron más de una vez sus superiores, especialmente el que fuera su confesor, su «padre» espiritual, Antonio Núñez de Miranda: que estaba volando demasiado cerca del sol.

En torno al tema de la ambición desmedida y la osadía imprudente, aparece de forma recurrente en su producción literaria, además de la figura de Ícaro, una imagen paralela quizá menos conocida hoy: la de Faetón. Hijo del dios Helios y la ninfa Clímene, este joven convenció a su padre de que le permitiera conducir, solo una vez, el carruaje del sol, a pesar de ser un simple mortal. Tal como se lo había advertido Helios, Faetón fue incapaz de mantener bajo control el vehículo celestial, y su alocado viaje tuvo que ser detenido por Zeus, quien intervino lanzando un rayo. El impacto del rayo provocó que el muchacho cayera a un río, donde se ahogó. Ambas historias tienen varias similitudes: está la figura paterna, que advierte al hijo sobre los peligros e intenta protegerlo; está el hijo que, terco, lo ignora, insiste y trata de ir más allá de sus capacidades; y está el castigo final, en ambos casos fatal e irreversible: la muerte.

Lo interesante de la recurrencia de estos dos personajes en la obra poética de Sor Juana es que, aunque la mayoría de escritores hispanohablantes de la época los empleaban como ejemplos de imprudencia —en clave de advertencia ante la osadía y el atrevimiento—, ella rompe en más de una ocasión con esta norma. El destino fatal de Ícaro y de Faetón no es, para la religiosa, motivo de escarmiento ni disuasión. Ella también se atreve: invierte su significado, y presenta a Ícaro y a Faetón, más bien, como modelos de coraje y audacia, en un sentido positivo: son, incluso, ejemplos a seguir. Son personajes que, como el yo poético en el «Primero Sueño» (1692) o como la misma Sor Juana en su vida, se atreven a intentar conseguir eso que se supone es imposible, inalcanzable... eso que, según el *statu quo*, no les corresponde. Así, esas historias de

> **La posibilidad de fracasar es lo de menos, lo que importa es el arrojo, el intentar.**

«SI LOS RIESGOS DEL MAR CONSIDERARA,
NINGUNO SE EMBARCARA; SI ANTES VIERA
BIEN SU PELIGRO, NADIE SE ATREVIERA
NI AL BRAVO TORO OSADO PROVOCARA.
SI DEL FOGOSO BRUTO PONDERARA
LA FURIA DESBOCADA EN LA CARRERA
EL JINETE PRUDENTE, NUNCA HUBIERA
QUIEN CON DISCRETA MANO LO ENFRENARA».

frustración no funcionan como un elemento de desaliento, sino más bien como un aliciente, como una razón más para lanzarse:

«Lo atrevido de un pincel,
Filis, dio a mi pluma alientos:
que tan gloriosa desgracia
más causa ánimo que miedo».

La posibilidad de fracasar es lo de menos, lo que importa es el arrojo, el intentar.

Durante su vida, Sor Juana se atrevió a mucho, pero sabemos que buscó también cierta seguridad. Al convertirse en monja se garantizó una vida material protegida y cómoda, y demostró también tener preocupación por lo que pasaría con su alma después de su muerte: por su salvación. Es tal vez la decisión de renegar ante las dos opciones que como mujer se le ofrecían, la que hubiera sido la más radical, a la que nunca se atrevió, porque los peligros eran demasiado grandes:

«Pero si hubiera alguno tan osado
que, no obstante el peligro, al mismo Apolo
quisiese gobernar con atrevida
mano el rápido carro en luz bañado,
todo lo hiciera, y no tomara sólo
estado que ha de ser toda la vida».

Ella consideró los riesgos, evaluó bien los peligros, ponderó la furia y eligió: no se arriesgó a tanto y tomó ese estado para toda la vida.

¿Se arrepintió? No lo sabemos. ¿Habría querido tener otra opción, que no pusiera en riesgo su salvación eterna? Es casi seguro que sí.

Tal vez por eso, en muchos de sus textos, las figuras de Ícaro y Faetón aparecen como una invitación a aceptar el riesgo y asumirlo, a intentar, si fuera necesario, una y otra vez:

«donde el ánimo halla
—más que el temor ejemplos de escarmiento—
abiertas sendas al atrevimiento,
que una ya vez trilladas, no hay castigo
que intento baste a remover segundo
(segunda ambición, digo)».

Sor Juana parece entender que, aunque el fracaso sea una posibilidad real, vale más el esfuerzo de alcanzar lo inalcanzable que la resignación ante los límites impuestos. Nos presenta una valoración positiva de la pasión y el atrevimiento, cualidades que permiten abrir nuevos caminos, incluso si estos no conducen al destino inicialmente deseado. En la derrota también hay una forma de gloria, porque se tuvo el valor de intentarlo. Celebra la audacia de aspirar más allá de lo permitido y de desafiar las expectativas. Por eso, es fundamental tener la entereza y el valor de no arrepentirse de las decisiones tomadas y de asumir las consecuencias con dignidad:

«y dijo: Goza, sin temor del Hado,
el curso breve de tu edad lozana,
pues no podrá la muerte de mañana
quitarte lo que hubieres hoy gozado».

Finalmente, la celebración del atrevimiento es una invitación a vivir el presente, a tomar riesgos mientras aún tenemos la oportunidad, y a no quedarnos atrapados en el «hubiera» o en los fracasos del pasado. Porque, después de todo, «lo bailado nadie te lo quita».

«NO CONSEGUIR LO IMPOSIBLE,
NO DESLUCE LO BRIOSO
SI LA DIFICULTAD MISMA
ESTÁ HONESTANDO EL MAL LOGRO.
ESTO SUPUESTO, NO ADMIRE
VER QUE, ANIMOSA, ME EXPONGO
A UNA EMPRESA CUYO INTENTO
SE QUEDA EN INTENTO SÓLO».

02

CRONOLOGÍA

SOR JUANA

1648-1651
Nace Juana Inés de Asuaje en San Miguel de Nepantla, Reino de México, Virreinato de la Nueva España.

1651-1654
Según ella, se cuela en las lecciones de una de sus hermanas, y aprende a leer y escribir antes de cumplir los 3 años.

1656
Posible fecha de fallecimiento de su abuelo materno, Pedro Ramírez de Santillana.

Nace el primer hijo de su madre, Isabel Ramírez de Santillana, con una nueva pareja, Diego Ruiz Lozano.

1600-1750
Barroco español.

PARA LA VIDA DIARIA

1657-1659
Según Calleja, gana un premio por una composición poética.

Ingreso a la corte de la Nueva España.

1664
15 DE OCTUBRE: Antonio Sebastián de Toledo Molina y Salazar, y doña Leonor de Carreto, marqueses de Mancera, toman posesión como virreyes.

1665
Muere Felipe IV y le sucede Carlos II.

SOR JUANA

1666
Escritura de un soneto fúnebre para Felipe IV.

1668
14 DE AGOSTO: Ingreso al convento de las Carmelitas Descalzas de San José de México.

18 DE NOVIEMBRE: Salida del mismo convento.

1669
24 DE FEBRERO: Ingreso al convento de Santa Paula, de la Orden de San Jerónimo, donde profesa como Sor Juana Inés de la Cruz.

Recibe como regalo de Isabel Ramírez, su madre, una esclava, llamada Juana de San José.

Antonio Núñez de Miranda se convierte en su confesor.

1673
NOVIEMBRE: Entrega de mando del virrey Antonio Sebastián de Toledo Molina y Salazar, y doña Leonor de Carreto, marqueses de Mancera.

PARA LA VIDA DIARIA

1676

Se publican en México los *Villancicos que se cantaron en la Santa Iglesia Metropolitana de México en los maitines de la Purísima Concepción de Nuestra Señora.*

Se publican en México los *Villancicos que se cantaron en la Santa Iglesia Catedral de México a los maytines del Gloriosísimo Príncipe de la Iglesia, el Señor San Pedro.*

1674

Fallece la marquesa de Mancera.

1677

Fernández Santa Cruz, «Sor Filotea de la Cruz», es nombrado obispo de Puebla.

SOR JUANA

1679

Se publican en México los *Villancicos que se cantaron en la Santa Iglesia Metropolitana de México en honor de María Santísima en su Asunción triunfante.*

Se representa su comedia *La segunda Celestina.*

1680

Se presenta y publica en México el arco triunfal del *Neptuno alegórico*, escrito en honor de los nuevos virreyes, don Tomás Antonio de la Cerda y Aragón, y María Luisa Manrique de Lara y Gonzaga, marqueses de la Laguna.

1678

Se editan en español los *Sermones* de Antonio Vieira, dedicados a Aguiar y Seijas.

Se presenta y publica el *Teatro de virtudes políticas*, de Sigüenza y Góngora, también para festejar la llegada de los nuevos virreyes.

7 DE NOVIEMBRE: Toman posesión como virreyes los marqueses de la Laguna.

PARA LA VIDA DIARIA

1682

Probable composición de la *Carta de Monterrey*.

Ruptura con Antonio Núñez de Miranda, su confesor.

30 DE DICIEMBRE: Carta de María Luisa Manrique de Lara y Gonzaga, Lyci, a su prima, María de Guadalupe de Lencastre, duquesa de Aveiro.

1683

Se representa su comedia *Los empeños de una casa*.

Se publican en México, por segunda vez, los *Villancicos que se cantaron en la Santa Iglesia Catedral de México a los maytines del Gloriosísimo Príncipe de la Iglesia, el Señor San Pedro*.

1684

6 DE JUNIO: Le vende a su hermana, doña Josefa María de Asuaje, una esclava.

Francisco de Aguiar y Seijas es nombrado obispo de México.

SOR JUANA

1688

Escribe la comedia mitológica de enredo *Amor es más laberinto*.

Muere Isabel Ramírez de Santillana, su madre.

1686

Entrega de mando de los virreyes Tomás Antonio de la Cerda y Aragón, y María Luisa Manrique de Lara y Gonzaga, marqueses de la Laguna.

1687

Isaac Newton publica *Principios matemáticos de la filosofía natural*, donde recoge sus descubrimientos sobre mecánica y cálculo.

Tomás Antonio de la Cerda Enríquez y Afán de Rivera, y María Luisa Manrique de Lara y Gonzaga, marqueses de la Laguna, abandonan la Nueva España.

PARA LA VIDA DIARIA

1689

Se publica *Inundación Castálida de la única poetisa, musa dezima, soror Juana Inés de la Cruz, religiosa professa en el monasterio de San Gerónimo de la Imperial Ciudad de Mexico que en varios metros, idiomas y estilos fertiliza varios asuntos con elegantes, sutiles, claros, ingeniosos, útiles versos para enseñanza, recreo y admiración.* El primer tomo de sus obras, en Madrid, bajo el auspicio de María Luisa Manrique.

Se representa su comedia *Amor es más laberinto*.

1690

Se hace pública la *Carta Atenagórica*, precedida de la *Carta de Sor Filotea de la Cruz*.

Se publica en México el auto sacramental *El divino Narciso*.

Se publican en México, por tercera vez, los *Villancicos que se cantaron en la Santa Iglesia Metropolitana de México en honor de María Santísima en su Asunción triunfante* y los *Villancicos con que se solemnizaron en la Santa Iglesia Catedral de la Ciudad de la Puebla de los Ángeles, los maytines del Gloriosísimo Patriarca señor San José*.

SOR JUANA

1691

Se hace pública la *Respuesta a Sor Filotea*.

Se publica por segunda vez, en Barcelona, el primer tomo de sus obras.

1692

Se publica por tercera vez, en Zaragoza, el primer tomo de sus obras.

Se publica en Sevilla el segundo volumen de las obras de soror Juana Inés de la Cruz, monja profesa en el monasterio del señor San Jerónimo de la Ciudad de México, que contiene «Primero sueño». Se reedita en Barcelona.

Se publican, en Puebla, los *Villancicos a Santa Catarina de Alejandría* cantados en la Catedral de Oaxaca.

Compra de una celda en el convento de San Jerónimo.

PARA LA VIDA DIARIA

1693
Renuncia a las letras y se desprende de su biblioteca, y sus instrumentos y artilugios.

1694
8 DE FEBRERO: Ratifica sus votos religiosos.

5 DE MARZO: Firma la protesta con su sangre.

1695
17 DE ABRIL: Muere Sor Juana.

17 DE FEBRERO: Muere Antonio Núñez de Miranda.

FUENTES

Alatorre, A. (1987). La «Carta» de Sor Juana al P. Núñez (1682). *Nueva Revista de Filología Hispánica* 35(2), 591-673. https://doi.org/10.24201/nrfh.v35i2.651.

Alatorre, A. (2007). *Sor Juana a través de los hilos. Tomo I (1668-1852)*. México: UNAM.

Alcibíades, M. (ed.). (2004). *Polémica. Sor Juana Inés de la Cruz*. Caracas: Biblioteca Ayacucho.

Calvo, H., y Colombi, B. (eds.) (2015). *Cartas de Lysi. La mecenas de sor Juana Inés de la Cruz en correspondencia inédita*. Madrid: Iberoamericana.

Colombi, B. (2018). Diego Calleja y la vida de Sor Juana Inés de la Cruz. Vestigios y silencios en el archivo sorjuanino. *Exlibris* 7, 24-44.

Cruz, sor Juana Inés de la (2009). *Obras completas, I. Lírica personal*. México: Fondo de Cultura Económica.

Cruz, sor Juana Inés de la (2009). *Obras completas, II. Villancicos y letras sacras*. México: Fondo de Cultura Económica.

Cruz, sor Juana Inés de la (2009). *Obras completas, III. Autos y loas*. México: Fondo de Cultura Económica.

Cruz, sor Juana Inés de la (2009). *Obras completas, IV. Comedias, sainetes y prosa*. México: Fondo de Cultura Económica.

Cruz, sor Juana Inés de la (2007). *Encomiástico poema a los años de la Excma. Sra. Condesa de Galve*. Alexandria: Alexander Street Press.

Fumagalli, C. (2016). La fama en fama y obras póstumas de Sor Juana Inés de la Cruz. En Colombi, B. (coord.). *Viajes, desplazamientos e interacciones culturales en la literatura latinoamericana. De la conquista a la modernidad*. Buenos Aires: Biblos.

Kirk, P. (1998). *Sor Juana Inés de la Cruz. Religion, Art and Feminism*. Nueva York: Continuum.

Kirk, S. (2016). *Sor Juana Inés la Cruz and the Gender Politics of Knowledge in Colonial Mexico*. Nueva York: Routledge.

Lavín, M., y Benítez, A. (2000). *Sor Juana en la cocina*. México: Penguin Random House.

Lavrin, A. (1995). Sor Juana Inés de la Cruz: obediencia y autoridad en su entorno religioso. *Revista Iberoamericana* 61, 172-73, 605-22.

Lewandowska, J. (2012). Sor Juana Inés de la cruz y la crítica literaria feminista: controversias y contribuciones. *Itinerarios* 15, 44-66.

Maza, F. de la (1980). *Sor Juana Inés de la Cruz ante la historia (Biografías antiguas. La «Fama» de 1700. Noticias de 1667 a 1892)*. México: UNAM.

Merrim, S. (ed.). (1991). *Feminist Perspectives on Sor Juana Inés de la Cruz*. Detroit, MI: Wayne State UP.

Ontañón, P. (2013). Sor Juana, víctima de los críticos. *Revista de Filología Española* 79(1/2), 181-190.

Ovidio (2007). *Metamorfosis*. Madrid: Cátedra.

Paz, O. (1990[1982]). *Sor Juana Inés de la Cruz o Las trampas de la fe*. Barcelona: Seix Barral.

Peraita, C. (2000). Elocuencia y fama: el catálogo de las mujeres sabias en la Respuesta de Sor Juana Inés. *Bulletin of Hispanic Studies* 77(2), 73-92.

Ratto, C. (2006). *El convento de San Jerónimo de la ciudad de México. Tipos arquitectónicos y espacios femeninos en los siglos XVII y XVIII*. [Tesis de doctorado inédita]. México: UNAM.

Ratto, C. E. (2006). *El convento de San Jerónimo de la ciudad de México. Tipos arquitectónicos y espacios femeninos en los siglos XVII y XVIII*. [Tesis de doctorado inédita]. México: UNAM.

Riva, F. (2014). San Jerónimo en el eje de la polémica en torno de la Carta atenagórica de Sor Juana Inés de la Cruz. *Hispanic Review*, 1-20.

Schmidhuber de la Mora, G. (2013). *Amigos de sor Juana. Sexteto biográfico*. México: Bonilla Artigas.

Schmidhuber de la Mora, G. (2013). *De Juana Inés de Asuaje a sor Juana Inés de la Cruz. El libro de profesiones*. Toluca: Instituto Mexiquense de Cultura.

Schons, D. (1929). Nuevos datos para la biografía de Sor Juana. *Contemporáneos*, 161-176.

Schons, D. (1925). The First Feminist in the New World. *Equal Rights* 31, 11-12.

Schons, D. (1934). *Algunos parientes de Sor Juana*. México: Imprenta Mundial.

Soriano, A. (2010). *Sor Juana Inés de la Cruz: doncella del verbo*. Sonora, México: Garabatos.

Spell, L. (2018[1947]). *Cuatro documentos relativos a Sor Juana*. México: Frente de Afirmación Hispanista.

Weber, M. (1958). *Ensayos sobre metodología sociológica*. Buenos aires: Amorrortu Editores.

Woolf, V. (1945). *A Room of One's Own*. Londres: Penguin.

Yugar, T. (2014). *Sor Juana Inés de la Cruz: Feminist Reconstruction of Biography and Text*. Eugene, OR: Wipf & Stock Publishers.